CONTENTS

Success 15 8

http://success.waseda-ac.net/

サクセス15
August 2021

表紙:東京都立戸山高等学校

ここに、
君が育ち、伸びる
高校生活がある。

申込制 **オープンスクール**

7月 17日(土)
8月 7日(土) 28日(土)
※14:00開会

申込制 **学校説明会**

9月 4日(土) 12日(日) 18日(土) 26日(日)
10月 17日(日) 23日(土) 30日(土) 31日(日)
11月 7日(日) 13日(土) 20日(土) 21日(日) 27日(土) 28日(日)
12月 4日(土) 12日(日)
1月 15日(土) 29日(土)
※14:00開会

説明会開催します **学院祭(文化祭)**

10月 9日(土) 10日(日)
※10:00開会

ホームページよりお申し込みをお願いします。
諸般の事情によりイベント日程が変更になる場合がございます。
最新情報を本校ホームページにてご確認ください。

正則高等学校
SEISOKU HIGH SCHOOL Minato City,Tokyo

東京都港区芝公園3-1-36　TEL.03-3431-0913　https://www.seisoku.ed.jp
日比谷線、神谷町駅/三田線、御成門駅/JR、浜松町駅/浅草線、大門駅/大江戸線、赤羽橋駅/南北線、六本木一丁目駅

みどりを守る・つくる・育てる

知られざる「緑化」の効果

自然を守り、増やす「緑化」。一見自然が減っていると思われている都市においても、屋上や壁面といったスペースを活用して行われています。そうした緑化の取り組みにおいて大きな役割を担っている公益財団法人都市緑化機構と大和リース株式会社にその進め方や技術について伺いました。さらに教育の一環として緑化に取り組んでいる実践学園高等学校についてもご紹介します。なお、このページでは草や木、池や川などの自然を総称して「みどり」と呼びます。

画像提供：公益財団法人都市緑化機構、大和リース株式会社、実践学園高等学校

緑化はだれがどう進める？

公益財団法人　都市緑化機構
研究部 次長　今井一隆さん／企画調査部 副主任研究員　菊池佐智子さん

緑化はどのように進められていくものなのか。
中学生ができる緑化の取り組みにはどんなものがあるのか。
まずは、緑化の概要についてお伝えします。

みどりにかかわる3つのキーワード

大気を浄化する、地球温暖化を緩和する、生きものの生息・生育の場となるなど、様々な役割を持つみどり。私たちに癒やしや安らぎを与えてくれる存在でもあります。

そんなみどりを守り、増やそうと活動している組織の1つが、公益財団法人都市緑化機構です。国や企業が進める緑化事業における技術開発を行ったり、その事業を評価し、認定をしたり、都市緑化フェアなどで緑化についての知識を紹介したりと、みどりにかかわる取り組みを多角的に実施しています。

都市緑化機構の研究部次長である今井一隆さんは、「中学生のみなさんには『緑の基本計画』について、ぜひ知ってもらいたいです」と話されます。これは各自治体がどのように緑化を進めていくかを計画するものです。「緑の基本計画」のキーワードは、「守る」「つくる」「育てる」の3つ。現在あるみどりを保全地区に指定して「守る」、公園などを「つくる」、新たに植物を植えて「育てる」といったことが行われます。

「どのような取り組みに力を入れていくかは、その自治体によって異なります。例えば、都市よりも地方の方が自然豊かだと考えられていますが、なかには住宅地開発などによって減っている場合もありますし、都市でも並木道や大きな公園など、自然に囲まれている場合もあります」と企画調査部副主任研究員の菊池佐智子さんが話されるように、緑化を進めるにあたっては、その土地が持つ特性に合わせること、また住民の意見を取り入れることが重要に

緑の基本計画

守る
国の法律に基づき、緑地を「特別緑地保全地区」などに指定し保全、維持する。

Pick up
つくる
みどりが多い地区を公園に指定、または新たに屋上緑化や壁面緑化を行う。詳しくは8ページから紹介。

育てる
道路や公共施設の敷地内にみどりを植える。自治体が所有する土地以外で行う場合もある。

〈2020年8月22日　新横浜での実証実験〉

※1 暑さ指数（WBGT）：気温、湿度、輻射熱の3つを取り入れた温熱環境の指数。熱中症の危険度を判断する数値としても使用。輻射熱とは、物体に吸収され、その物体の温度を上げるのに使われる放射エネルギーのこと。

一般的な舗装道路

緑陰（下記参照）施設を設置していない場合は、表面温度は45℃まで上昇しています。暑さ指数（※1）は12時半に32.3℃、13時半に32.9℃です。

ミストなしの緑陰施設設置

緑陰施設を設置した場所では、表面温度は36℃、暑さ指数も30.1℃（12時半）となりました。

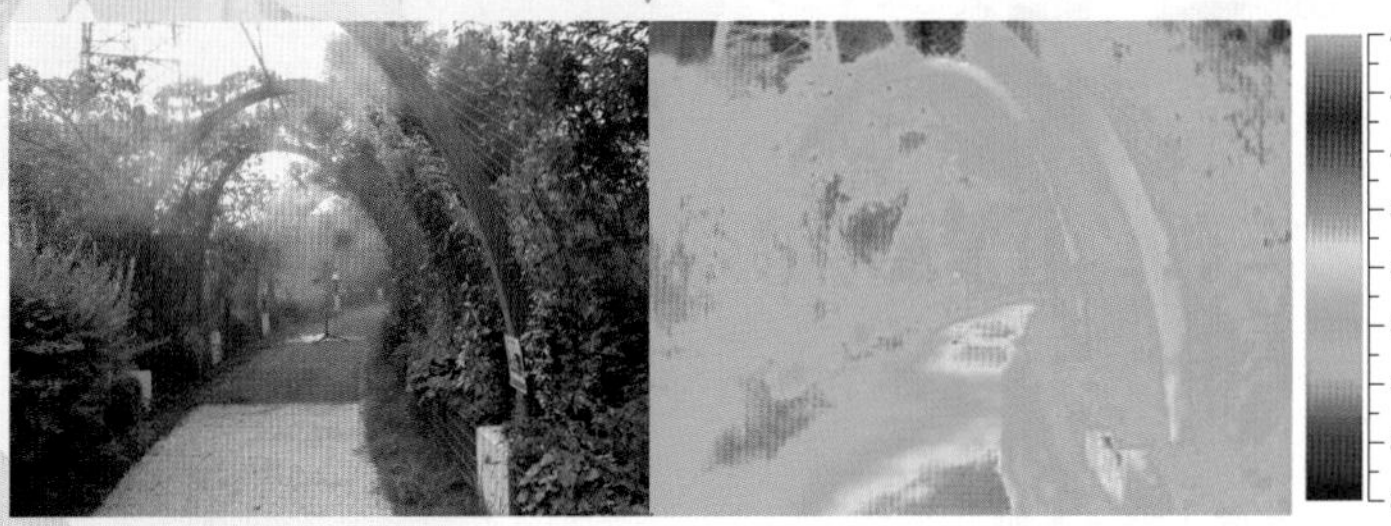

ミストありの緑陰施設設置

緑陰施設に加え、ミストも使用することで、表面温度は33℃、暑さ指数は29.9℃（13時半）とさらに下げることができます。

詳しくはこちらのYouTubeでみることができます。
出典：国土交通省 みどりのクールスポット

なります。国や自治体という組織だけではなく、その土地に暮らす1人ひとりがみどりについて考え「みどりを守ろう」「みどりを増やそう」という気持ちを持つことが大切です。

そして、いずれの取り組みも、短期間行えばいいというものではありません。「各自治体は、20年先を見据えて、その土地でどの程度みどりを守っていくのか、増やしていくのかといった数値目標を定めて計画を立てています。専門家のなかには、100年後の未来を見据えて活動しなければならないと考えている方もいらっしゃるほどに、緑化は長いスパンで考えるべきことなのです」と今井さん。

「緑の基本計画」はみなさんが暮らす自治体でも定められているはずですから、ぜひ調べてみてください。

中学生もできる緑化の取り組み

冒頭でご紹介したように、みどりは色々な効果を持っています。その一例として、緑陰効果についてみてみましょう。緑陰とは「葉の茂った木立の陰」のことです。

上の図は、2020年夏に新横浜で行われた実証実験で、緑陰施設によって温度がどのように変化するかを調べたものです。なにも対策をしていない場合と比べ、緑陰施設設置後は温度が格段に下がっていることがひと目でわかります。

こうした緑陰は、個々の家でも作ることが可能です。みなさんも建物の壁面や家のベランダで、ゴーヤなどが育てられているのを見たことがあるのではないでしょうか。このいわゆる「みどりのカーテン」を作ると、建物に蓄積される熱の量を減らすことができます。そうすることで、エアコン使用時に効きがよくなり、エネルギーの消費を抑えることにつながります。

今井さんと菊池さんに、「みどりのカーテン」におすすめの植物を聞いてみると、一般的なゴーヤに加え、パッションフルーツや小玉のスイカ、オカワカメ（※2）などを教えてくれました。そして「『みどりのカーテン』を通して、環境問題について考えることももちろん大切ですが、まずは、『みどりのカーテン』に楽しみながら取り組むことが一番です」と菊池さん。環境問題への関心を深める第一歩として、みなさんも「みどりのカーテン」に挑戦してみてはいかがでしょう。

※2 野菜の一種である「つる性植物」

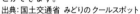

都市にみどりをつくる

大和リース株式会社　環境緑化事業部　小林英司さん

ここまで、緑化がどのように進められてきたかを見てきました。このページでは、実際に緑化に取り組んでいる方の視点から、都市にみどりを増やす意義や難しさについて学んでいきましょう。

大和リース　本社（大阪府大阪市）のエントランス

大型施設の建設や土地活用などに幅広く取り組む大和リースは「人が豊かに暮らす社会の実現」をめざすため、緑化にも力を入れています。環境緑化事業部で様々な案件にかかわってきた小林英司さんに、実際にどのような緑化が行われているのか、お話を伺いました。「施工のパターンはいくつかありますが、おもなものに屋上緑化・壁面緑化・室内緑化があげられます。それぞれお客さまの目的によって内容や難しさも大きく変わってきます」と小林さん。

この事業が始まった当初は、法令で定められた緑地面積を確保するための依頼も多かったそうですが、最近では環境に配慮しているという印象を与えることでイメージアップを図ったり、そこで過ごす人の癒しを重視したりする案件も増えてきたのだとか。「コロナ禍によって、オフィスや医療現場でもストレス軽減などを目的としたリフレッシュルームの導入が進んでいます。そこでは観葉植物をはじめ、みどりがふんだんに使われることも多いです」（小林さん）

都市になくてはならない緑化の魅力とは

実際の施工においては、お客さまの要望を聞き取り、それぞれに適した緑化の提案をしているといいます。「提案する際は、緑化するメリットや効果について、根拠となる資料（右）を示しています。緑化することで、そこで過ごす人のストレスが低減するほか、利用者の数が増える、といった結果を引用しています」（小林さん）

人間は本来、自然とのつながりを求めていると考える「バイオフィリア」という概念も近年注目されており、「自然に触れる機会が少ない都市では、みどりは『あったらいいもの』ではなく『なくてはならないもの』になりつつあります」と小林さん。使用される植物は年月をかけて育っていくため、完成から数年後にみどりが増えて、より魅力的な景観になるのも緑化の特徴です。その分、通常の施工より手間やコストもかかるといいますが、具体的にはどんな特色があるのか、次ページで見てみましょう。

大和リースが提案する緑化されたオフィス空間「VERDENIA（ヴェルデニア）」の資料

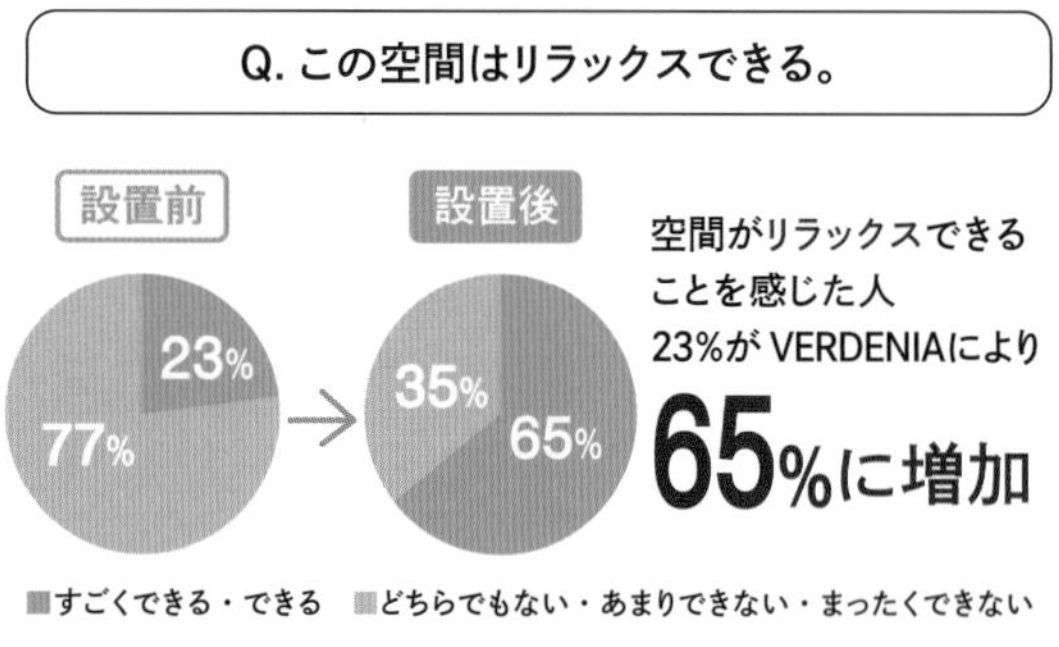

※実験期間：2018年5月30日～6月28日（設置前）2018年7月20日～9月20日（設置後）
※実験場所：大和ハウス工業（株）総合技術研究所　※回答者：87名（設置前）、66名（設置後）

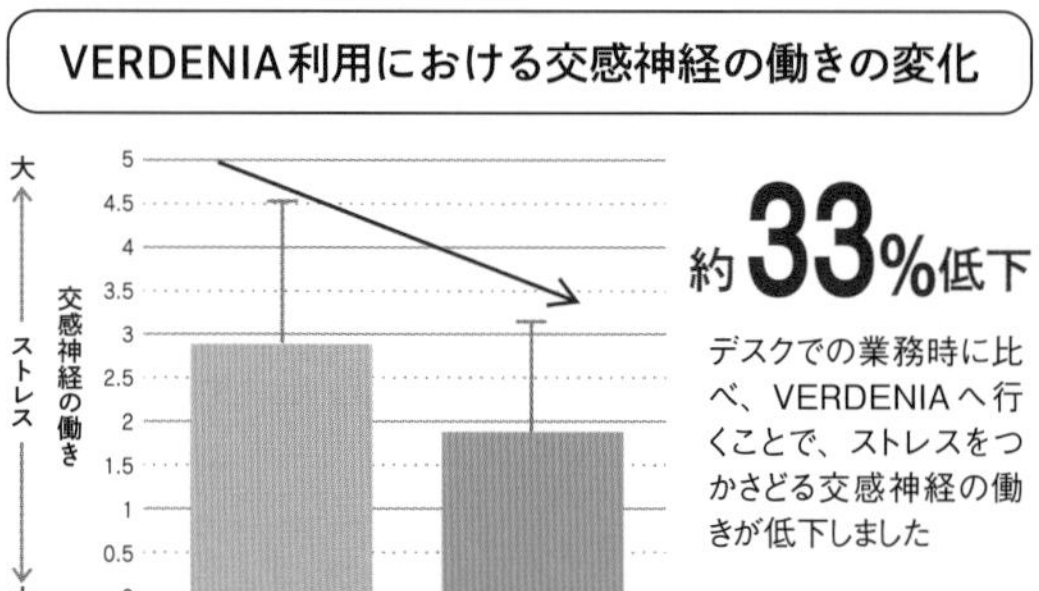

※実験期間：2018年5月30日～6月28日（設置前）2018年7月20日～9月20日（設置後）
※実験場所：大和ハウス工業（株）総合技術研究所　※被験者数：33名
＜監修＞梅田 智広 医学博士　奈良県立医科大学MBT研究所研究教授

屋上　多彩な緑化が可能だが重さや風の対策は必須

屋上緑化は、鉢植えを置いたり芝生を敷いたりする手軽で手間のかからないものから、木を植えて池を造るといった本格的なものまで様々です。大和リースでは下の2つの手法と比べて最も施工件数が多いといい、緑化においてポピュラーな形でもあります。

しかし「風で土が飛ばないようにする」「水が下の階に漏れないようにする」など、屋上緑化ならではの難しさも。そのため、もともとある建物の屋上に緑化を施すよりも、新しく建てる際に重さや角度を計算してデザインすることの方が多いのだそう。

「床の上に、余分な水を排出させる排水層を敷き、その上に土壌を作って、マルチングと呼ばれる小石のようなものを敷き並べることがほとんどです。そうすることで、雨水や余剰な水分が排水されるようにするほか、土が風で飛ぶのを防止してくれます」（小林さん）というように、様々な工夫がなされています。

壁面　都市でもよく見る緑化のスタイル

ビルなどでよく見かける壁面の緑化は、通常の植え込みに比べ土量や水分量が少なく、植物にとって過酷な生育環境となるため、日照や風、重さの条件に配慮が必要です。また、花がつかず枯れにくい植物が使用されますが、それでも環境に適応できない植物は数年たつと弱ってしまうため、メンテナンスとして入れ替え作業を行うのだそうです。

遠くからでも目につきやすく、印象に残りやすいため、建物に入っている企業のイメージアップにつながる効果も高いといいます。

東北大学　片平キャンパス（宮城県仙台市）

室内　植物のケアをしつつ人々の癒しに

大和リース　東京本店（東京都千代田区）

おもにオフィスや医療現場の休憩室での依頼が多いという室内緑化。葉が厚く、濃い緑色をしている「環境変化に強い」観葉植物が使用されますが、それでも空調や日当たりの関係で植物にとっては過酷な環境になることが多いといいます。

「屋内緑化で使用される植物はリース（貸出）契約をすることが多いため、葉が茶色っぽくなるなど、弱ってきたら育てていたビニールハウスで3カ月ほど休ませてから屋内に戻すこともあります。植物は生きものですから、そうしたケアも大切なんです」（小林さん）

探してみよう！ 色々な緑化

大和リースが施した緑化のなかでも数が多い屋上緑化、
そして街中でも目につきやすい壁面緑化について、実例をいくつかご紹介します。
また、みなさんにとって身近な学校教育の場面で活用されている事例も見ていきましょう。

屋上

JR新大阪駅3階タクシー乗り場横に造られた和風庭園は、2018年12月にリニューアルされ、都心でもみどりを感じられる待ちあわせスポットとして人気です。夜は写真右のようにライトアップされます。

りんかい線「国際展示場駅」とゆりかもめ「有明駅」から徒歩1分と好立地の「ダイワロイネットホテル東京有明」。周囲はビルも多く、屋上緑化のみどりが目を引きます。

壁面

東京都北区にある国際フランス学園（写真左）では、校門横にある守衛所の壁に壁面緑化を設置。同じく東京都千代田区の複合商業施設「ヒューリックスクエア東京」（写真右）も大規模な壁面緑化が施されています。

生徒からも人気の屋上庭園
―― 実践学園高等学校

東京都中野区にある実践学園高等学校では、2008年に校舎の屋上に「実践の森」が誕生。昔の武蔵野の自然を再現するのがコンセプトとなっており、都市緑化機構主催「屋上・壁面・特殊緑化技術コンクール（※）」屋上部門の「環境大臣賞」をはじめ、複数の受賞歴があります。約100種類もの草花や木々が植えられているだけでなく、小川や池なども整備されており、タンクに溜めた雨水を風力や太陽光発電の力で循環させています。

屋上は昼休みに開放されており、ウッドデッキでお弁当を食べたり、休憩をしたりと生徒にも大人気です。そのほか、校内では環境問題や生物に興味を持った生徒が「環境プロジェクト」という有志団体として、生態系などの研究を行っています。水辺には様々な鳥が水浴びに来るほか、現在までに84種類もの昆虫が確認されているそうです。

また、「実践農園」と呼ばれる田畑のエリアもあり、ナスやトマト、スイカをはじめたくさんの野菜が育っています。収穫後は育てた生徒が持ち帰るだけでなく、家庭科部で調理に使用されています。現在は休止していますが、水田学習では田植えから収穫、脱穀までが校内でできるよう農耕具もそろえられており、白米として「食べられる」段階になるまでが学べる仕組みです。種から収穫まで育てるなかで様々な発見があり、生徒は楽しく活動しています。

※現在は、「屋上・壁面緑化技術コンクール」に名称変更

「実践の森」ができる前の屋上はコンクリートがむき出しになっており、夏は50℃以上を記録していました。完成後は約20℃もの冷却効果が確認でき、生きものの憩いの場となっています。写真右は動くものに反応する定点カメラで、水辺ではスズメやムクドリ、サギなどが観察されています。

景色や田畑の様子から季節が感じられることも屋上庭園の魅力です。もともとあった校舎の上に造られているため、土と苔を混ぜた特殊な土壌で荷重と保水率を調整するなど、様々な工夫がされています。

最後に

都市緑化機構・今井さん「屋上緑化や壁面緑化には、色々な技術が使われています。その技術を知ると、みどりの見え方も変わってくると思います。みなさんが緑化に興味を持ってくれたら嬉しいです」

菊池さん「ぜひ自分が好きだと思えるみどりを見つけてください。そのことが、自分とみどりの関係を考え、将来、みどりにかかわる仕事をしたいという気持ちにつながっていくと思います」

大和リース株式会社・小林さん「勉強の合間にちょっと散歩してみどりのある場所に行くとか、自分の部屋の窓際に観葉植物を置いてみるとか、積極的に生活のなかにみどりを取り入れて、心の健康に役立ててみてくださいね」

Special School Selection

東京都　新宿区　共学校

東京都立戸《と》山《やま》高等学校

School data

所在地：東京都新宿区戸山3-19-1
アクセス：地下鉄副都心線「西早稲田駅」徒歩1分
生徒数：男子503名、女子463名
ＴＥＬ：03-3202-4301
ＵＲＬ：https://www.metro.ed.jp/toyama-h/

- ３学期制
- 週５日制（年20回の土曜授業あり）
- 月～金６時限、土４時限
- 50分授業
- ８クラス
- １クラス約40名

トップリーダーとなるために様々な力を身につける

進学指導重点校として、またスーパーサイエンスハイスクール指定校として、独自の教育を展開する東京都立戸山高等学校。進路指導においては、医学部進学希望者に特化したプログラムも用意されています。

櫛野《くしの》 治和《はるかず》 校長先生

日本そして世界の財産となる生徒を育む

東京都立戸山高等学校（以下、戸山）の歴史は、１８８１年に麹町区飯田町に補充中学校が創設されたのを始まりとします。その後１９５０年に現校名になりました。

２００１年、東京都から進学指導重点校に、２００４年には文部科学省より都立高校で初めてスーパーサイエンスハイスクール（ＳＳＨ）に指定されました。

そんな戸山のモットーは「知の探究」、ミッションは「国際社会に貢献するトップリーダーの人財育成」です。「人財」には、人は財産であり、日本だけではなく世界の財産として育成するという思いが込められています。

「本校には中学校で成績がトップだった生徒も多く集まっています。しかし高校では必ずしもトップになれるとは限りません。上には上がいるということがわかり、挫折を味わうこともあるでしょう。しかし、それでいいんです。挫折を経験することで精神的に強くなり、その後どのように過ごしていくかを考える姿勢が身につき、より頑張るでしょう。挫折を知って初めて戸山生になり、そしてトップリーダーへと成長していくのです」と櫛野治和校長先生は話されます。

幅広く学ぶカリキュラム 独自の「知の探究」も設置

「知の探究」をモットーとする戸山では、全教科をまんべんなく学ぶカリキュラムが編成されています。社会では世界史・日本史・地理・政治経済・倫理、理科では物理・化学・生物・地学すべてを学習します。

「トップリーダーに必要なのは、文系、理系、どちらかに偏った知識ではなく、総合的な力です。本校では『STEAM教育（※）』を展開し、これからの社会を牽引する『人財』を育てたいと考えています。そして色々な仲間が集い、様々な発想が生まれるなかで成長してほしいとの思いから、文理分けのクラスは編成していません」と櫛野校長先生。

各教科で質の高い授業を展開する戸山では、「知の探究」という独自の授業も実施。「知の探究Ⅰ」（高1）では、地学と関連づけて神奈川で城ヶ島巡検を行い、その成果をレポートにまとめます。「知の探究Ⅱ」（高2）では、SDGsや海洋についてのテーマを生徒それぞれが設定し、13のグループに分かれて、担当教員の指導のもと研究を深めます。

「『知の探究Ⅱ』は大学のゼミのような形で授業を進めます。ただ同じようなテーマの生徒が集まるのではなく、あえてテーマに関係なくグループを作ります。自分とは異なる研究について知ることで刺激を受けてほしいとの思いから、このような形をとっています。

高1は例年9月にHR合宿を行っており、そこでも探究の方法や討論の仕方について学びます」と櫛野校長先生は説明されます。

長期休暇には講座も用意され、生徒の学力向上をサポートしています。とくに高3を対象とした夏期講習は数多く実施され、例年100講座ほど開かれるそうです。

※科学（Science）、技術（Technology）、工学（Engineering）、アート（Art）、数学（Mathematics）の５つの領域を対象とした教科横断的な教育

化学講義室

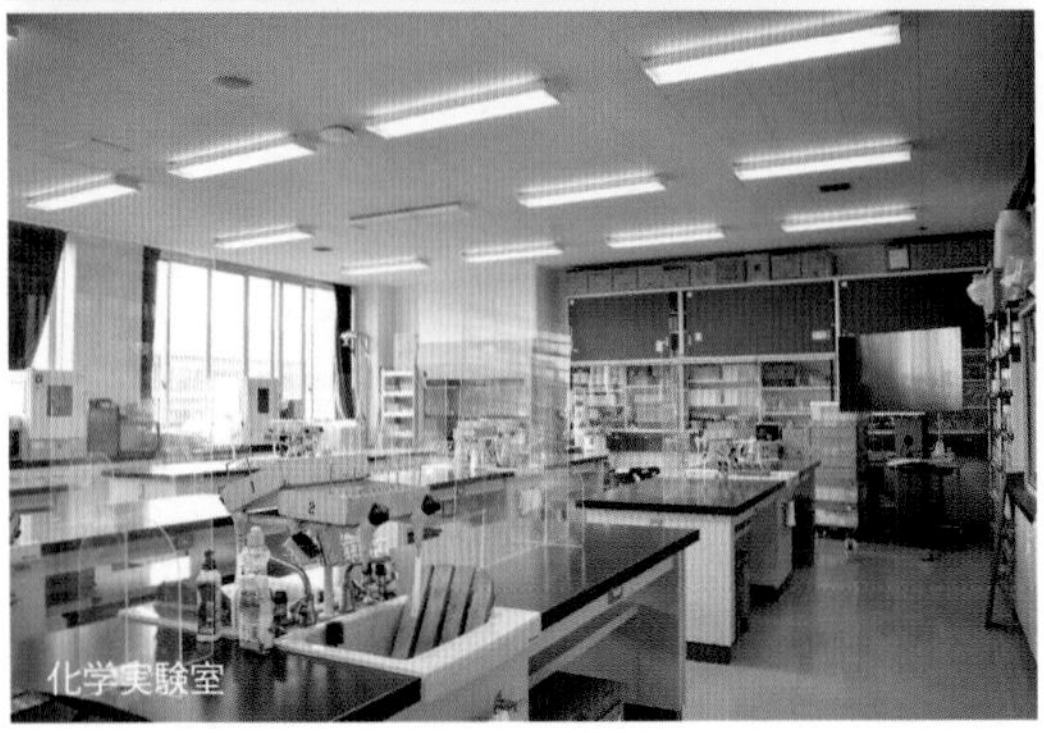
化学実験室

施設・設備

充実した学習施設がそろう一方、生徒の憩いの場となる中庭（階段広場）などがあるのも魅力です。

中庭（階段広場）

講堂

図書室

PC教室

体育館

新宿区という都心にありながらも、広々としたグラウンドや体育館といった運動施設も備えています。

グラウンド

6つのコースに分かれて研究に励むSSHクラス

　冒頭でご紹介したように、SSHにも指定されている戸山。その取り組みを通じて「世界を舞台にSDGsを実現に導くグローバルサイエンスリーダー」の育成をめざしています。

　SSHクラスは高1から2クラス設けられます。物理・化学・生物・地学・数学・情報の6コースから1つを選択し、各コースの担当教員の指導を受けながら、「SSHⅠ」（高1）で研究の基礎を学び、「SSHⅡ」（高2）で各自テーマを決めて研究し、論文を作成します。

　論文には「ホログラムの視覚的な見え方についての研究（物理）」「キャベツの芯から作る断熱材～断熱性の比較～（化学）」「イチョウの葉はどのようにして切れ込みが入るのか？（生物）」「ゲリラ豪雨の予兆（地学）」「折り紙と正多角形作図（数学）」「心が動くプレゼンの秘密（情報）」など、生徒1人ひとりの個性が表れたタイトルが並びます。

　また、複数の教科からアプローチする「リレー授業」も実施しており、これまでに地元新宿発祥の江戸東京野菜「内藤とうがらしの復活栽培」をテーマに、社会でその歴史を学び、家庭科で実際に栽培をしたそうです。

　そのほかSSHクラスの生徒に向けて、研究者として活躍する卒業生に話を聞く「理数講演会」なども実施されています。

医学部進学をめざすチーム・メディカル

　戸山の特色ある取り組みとして、「チーム・メディカル（TM）」も忘れてはいけません。これは医学部などへの進学を希望する生徒を対象とするもので、現在は67名が所属しています。TMの柱となるのは「医師へのキャリア教育」「大学医学部の研究」「国立大学医学部進学対策」の3つです。具体的には、医師による講演会や、医学部や病院での体験プログラム、医学部進学のための面接・小論文対策指導などが行われます。

　TMに所属する生徒の多くは小学生や中学生のころから「医師になって人助けがしたい」と考えており、その強い思いと、同じ夢を持つ仲間の存在に励まされ、勉強を頑張れるといいます。

　なかには、SSHクラスに所属しながらTMで医師をめざす生徒もいるそうで、戸山生が高い志を持って学校生活を送っていることが感じられます。

　2021年春の大学入試では、国公立大学、私立大学あわせて、医学部医学科に28名（うち既卒18名）が進学しました。

クラスマッチ

感染対策を万全にしながら行われた学年ごとのクラスマッチ。綱引きや部活動対抗リレーといった競技が実施されました。

分析を重ねた丁寧な進路指導

もちろん進路指導が充実しているのはTMに対してだけではありません。

各教科の主任による「進学指導対策会議」が月に一度開かれるなど、戸山の教員は熱心に指導にあたっています。全国模試の結果については、教科ごとに卒業生のデータなどとの比較を行い、細かく分析していきます。

さらに大学受験を終えた生徒から、成績開示のデータを提供してもらい、教科ごとの分析結果をその後の授業内容に活かし、日々の指導の質を高めています。

また、学校生活や大学受験について相談できるチューター（卒業生）の存在も、大学受験を控えた生徒にとっては心強いことでしょう。自主的な学習をサポートする施設も整っており、自習室は平日20時まで使用可能です。

「本校は進学指導重点校として、

学校生活

何事にも全力で取り組む戸山生。切磋琢磨する仲間がいるからこそ頑張れるのでしょう。

生徒の学力を伸ばすだけでなく、進路指導にも力を入れています。しかし、大学に合格するための学力だけを養えばいいと考えているのではありません。知識・技能といった数値で測れる『見える学力』に加え、思考力や表現力、コミュニケーション力といった数値に表せない『見えにくい学力』も育てなければならないと感じています。そして、勉強さえすればいいのではなく、部活動や行事にも全力で取り組んで高校生活を楽しんだうえで希望する大学に進学する、それが戸山生の姿です。本校の部活動参加率は兼部を含め100%を超えており、多くの生徒が『文部両道』を体現しています」と櫛野校長先生。

　行事は、新型コロナウイルス感染症流行の影響で2020年度はほとんどが中止となりましたが、今年度は5月に感染対策を万全にしつつ学年ごとのクラスマッチを開催。制限があるなかでも、運営を担当する実行委員ができることを考えて実施しました。

　勉強だけではなく、様々なことに取り組むなかで、トップリーダーとなるための力を養うことができる戸山。

　最後に櫛野校長先生は「高校時代は3年間しかありませんから、できることは限られています。だからこそ一生懸命に頑張れる生徒さんを待っています。そうした学校生活を送るなかで、ぜひ一生つきあえる友人、教員を見つけてください。その存在は、将来みなさんを支えてくれるはずです」と話されました。

■2021年3月　大学合格実績抜粋（　）内は既卒

国公立大学		私立大学	
大学名	合格者数	大学名	合格者数
北海道大	13（5）	早稲田大	91（28）
東北大	10（4）	慶應義塾大	39（21）
筑波大	7（1）	上智大	32（5）
お茶の水女子大	6（3）	東京理科大	104（37）
東京大	13（5）	青山学院大	27（8）
東京医科歯科大	2（0）	中央大	67（26）
東京外国語大	5（0）	法政大	35（11）
東京学芸大	6（1）	明治大	133（38）
東京工業大	10（1）	立教大	46（11）
一橋大	9（1）	学習院大	19（5）
京都大	2（0）	国際基督教大	1（0）

写真提供：東京都立戸山高等学校　※写真は過年度のものを含みます。

私立高校 WATCHING

東京　国立市　男子校

桐《とう》朋《ほう》高等学校

自主性を尊重する校風のもと「個」を確立していく桐朋生

専門性を有した教員による授業や特別講座が魅力の桐朋高等学校。授業や部活動、行事など、様々なことに主体的に取り組む生徒を育てています。

原口《はらぐち》 大助《だいすけ》 校長先生

所在地：東京都国立市中3-1-10
アクセス：JR中央線「国立駅」・JR南武線「谷保駅」徒歩15分またはバス
生徒数：男子のみ955名　TEL：042-577-2171　URL：https://www.toho.ed.jp/

⇨3学期制 ⇨週6日制 ⇨月～金6時限（2022年度入学生より）、土4時限
⇨50分授業 ⇨1学年7クラス ⇨1クラス44名

育てたいのは「自律的な学習者」

一橋大学をはじめとする教育施設が集う国立文教地区。その一角にある桐朋高等学校（以下、桐朋）は、2021年に創立80周年を迎えました。教育目標に掲げるのは「自主的態度を養う」「他人を敬愛する」「勤労を愛好する」。本格的なプラネタリウムや、蔵書6万5000冊を誇る図書館など、魅力的な施設がそろっており、敷地内には豊かな自然を有する「みや林」もあります。

この春から校長に就任した原口大助先生は、自身も桐朋の卒業生として、こうした環境のもとで充実した学校生活を送っていたそうです。「私が学生のころから、本校には高い専門性を持った先生方が数多くいらして、学問のおもしろさや本質を探究することの大切さを教えてもらいました。そのおかげで、我々生徒1人ひとりは自主性を持って学習に励んでいました。自分が教員として母校に戻ってきてからは、現在の生徒たちにもそうした『自律的な学習』の姿勢を身につけてもらうために、授業では色々な工夫を凝らしています」と話されます。

例えば数学では、数人の生徒が問題の解法を黒板に書き、それぞれ「自分がどんなふうに解答を導き出したか」をクラスメイトに説明する時間を設けています。様々な解法に触れて視野を広げられるとともに、説明を聞いた生徒が質問を投げかけ、担当の生徒が答え、教員が補足をする、という流れを繰り返すうちに、各自の思考を深められる、という授業です。

様々な授業で生徒が発表する機会を多く設けています。

そのほか、原口校長先生の担当教科・国語でも、ある作品を全員で読んだあと、内容について議論する授業をよく実施していたそうです。このように発話する機会を多く設けることが、「自律的な学習者」を育てることにつながるとして、多くの授業でこうした取り組みがなされています。

また各教員は、教科書を超えたハイレベルな問題や、より専門的な内容を扱う教材を積極的に作成しています。「とはいっても、やみくもに難しい内容ばかりを扱っているわけではありません。定期的に小テストで到達度を測り、場合に応じて個別補習を実施するなど、基礎知識を身につけるための指導も丁寧に行っています。

基礎をしっかり固める授業と、知的好奇心を刺激して学ぶ意欲を引き出す授業を展開することで、1人ひとりの力を伸ばしています」と話す原口校長先生。こうした特色ある授業の数々によって、毎年多くの桐朋生が難関大学へ進学しています。

高校入学者への万全のサポート体制

カリキュラムの特色は、高3になっても文理でクラスを分けることなく、ホームルーム（HR）クラスを基本として、各自が選択した科目ごとに教室を移動して授業を受ける形をとっていること。HRクラスに多様な進路の生徒が混在するため「まさに教育目標の『他人を敬愛する』を体現するような、互いの個性やいいところを認めあいながら過ごせる環境が整っています」と原口校長先生。

「互いの個性を認めあう環境」といえば、高校から入学する高入生と、中学校から進学してくる内進生が、高1から同じクラスで学ぶのも特徴でしょう。中入生自身も中学入学時、併設の小学校から進学してきた生徒と机を並べていた経験があるため、高入生の気持ちがわかるのだそうです。

ただし数学の授業は、高入生と内進生で進度が異なるため、別クラスで学びます。HRクラスでは異なる境遇の仲間と。数学の授業では同じ境遇の仲間と。どちらの時間も高入生にとってはいい刺激になっているようです。

ほかにも桐朋では、高入生が早く学校になじめるようにと、様々なイベントを実施しています。自身も高入生として入学した高2・高3の先輩と車座（※）のような形になって色々な話を聞く。内進生が高入生に校舎を案内するオリエンテーションを行う。高入生対象のクラブ勧誘の日を設定する……。これらはどれも高入生のために行われる催しです。

「加えて、今年は入学式当日に、高入生だけの交流会も開催しました。さらに例年であれば5月にクラス対抗の球技大会、夏休みに3泊4日の宿泊行事も行われているので、そうした行事を通してだれが高入生でだれが内進生かわからなくなるほど、クラスが1つにまとまります」（原口校長先生）

※多くの人が輪になって座ること

「特別講座」で知る 学ぶ楽しさおもしろさ

冒頭で紹介したように、専門性を有した教員が多くいる桐朋では、そうした教員が自らの知識を活かして「特別講座」（放課後希望者対象）を開いています。高校の学びの枠を越えた高度な内容を扱うので、最初はその難解さに驚く生徒もいるそうです。しかし、回を重ねるごとに学ぶ喜びや楽しさを実感するようになり、講座を通じて大きな成長を遂げるのだといいます。ここでは例として3つの講座をご紹介します。

地学の教員が担当する「現代天文学」は、天文学に関する様々な研究を取り上げる講座です。生命の起源を「宇宙」という観点から解き明かそうとする研究や、はやぶさ2が地球に持ち帰った小惑星のサンプルに関する研究など、多彩な研究が教員によって語られます。

国語科、英語科の教員に、ネイティブスピーカーを加えた3人がチームを組んで実施する「文体論」に関する講座では、英語で書かれた作品の原文と翻訳を見比べながら、直訳と翻訳で読み手が受ける印象はどう変わるのかを、読み解いていきます。

桐朋では教員が最新の研究を大学院などで学び直すことも積極的に支援しており、そのための制度も設けています。「現代天文学」と

行事・部活動
行事や部活動も生徒主体で運営しています。2020年度の桐朋祭（文化祭）は、当日の様子をリアルタイムで配信しました。

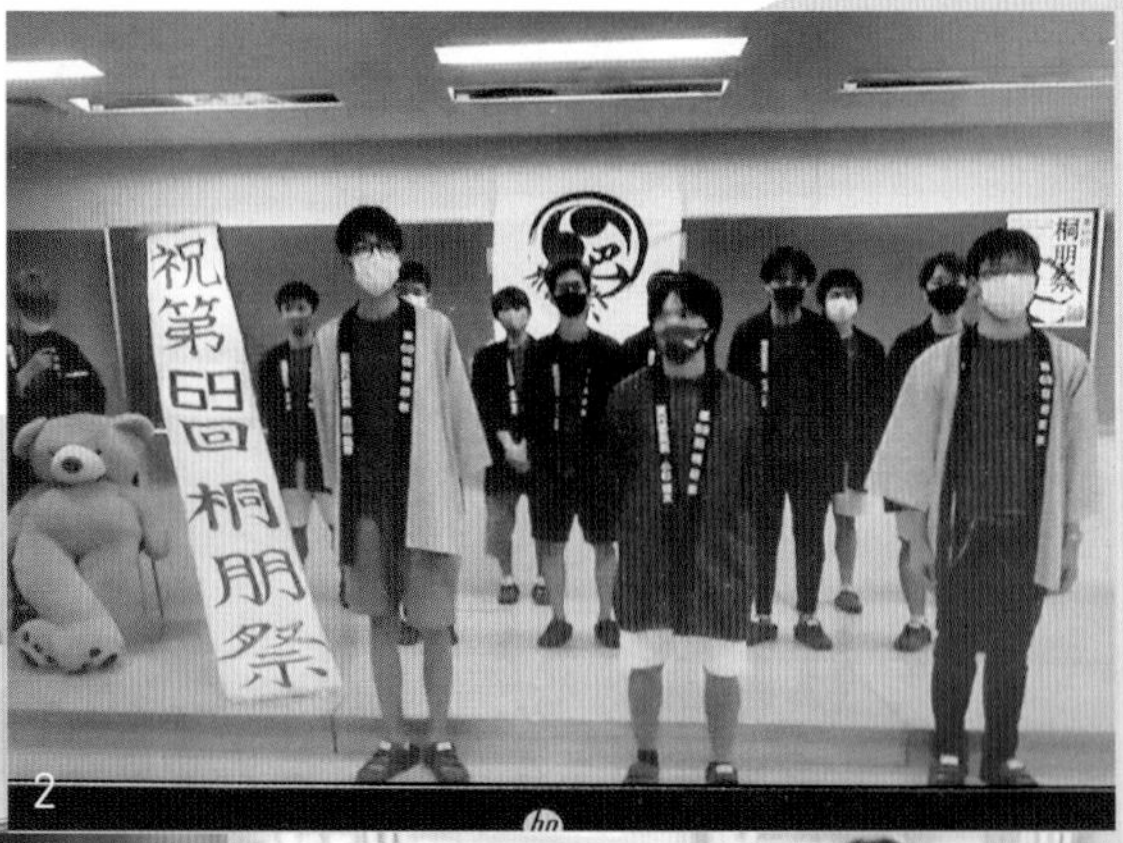

1、2. 桐朋祭（文化祭） 3. ラグビー部 4. 将棋部

「文体論」を開講する教員は、その制度を活用して大学院へ通い、そこで学んだことを生徒に還元しているのだといいます。

「趣味に関連した講座を開く教員もおり、国語科の教員が『映画論』を開講しています。作品が伝えたいメッセージを解き明かすとともに、俯瞰やアップといった撮影手法による印象の違いなども紹介し、参加した生徒が映画に興味を持てるような講座になっていて、私も楽しく見学していました。ゆくゆくは受講生同士で講評を述べあう形も取り入れたいそうです」（原口校長先生）

施設

豊かな自然のなかに、本格的な施設がそろうのも、桐朋ならではの特色です。

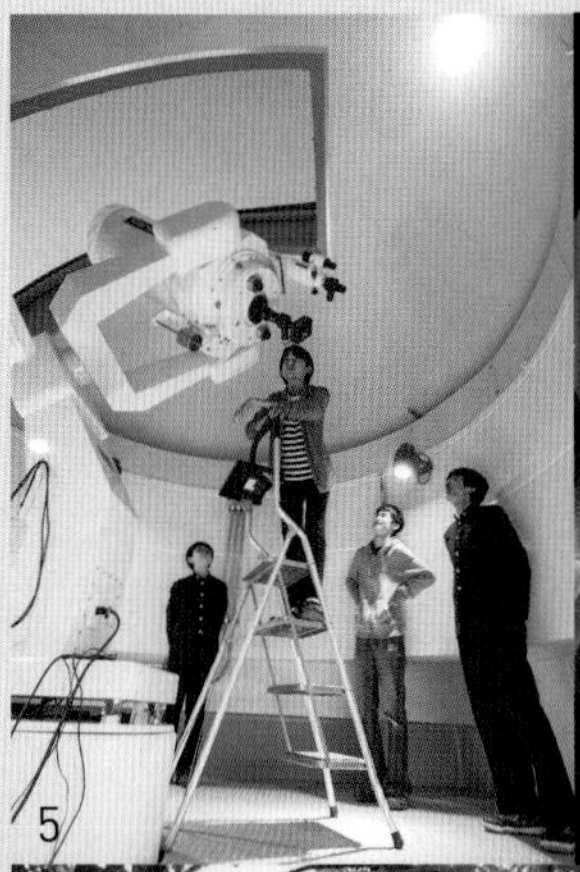
5

6

7

8

5. 天文ドーム　6. プラネタリウム　7. 図書室外観　8. みや林

写真提供：桐朋高等学校　※写真は過年度のものも含みます。

進路を考えるうえでも「自分」を大切に

進路プログラムとしては、卒業生から話を聞く「在校生・卒業生懇談会」や、懇談会での話をふまえて将来についての考えをまとめる「私の将来」の執筆などを行っています。原口校長先生は、進路指導でも大切にしているのは「生徒の自主性」だと話されます。「自分が大学でなにを学びたいのか、将来どんな道に進みたいのかを考えるなかで、自分自身を見つめ直し、『自分』＝『個』を確立してもらいたいと考えています」

また、毎年40名前後が医学部を志望する桐朋では、医師として活躍する卒業生も多く、桐朋ＯＢの医師や医学部生によって立ち上げられた「桐朋医会」で交流をしています。桐朋医会の協力によって、医学部志望の在校生に向けたサポートがいっそう充実してきているのも魅力の1つでしょう。

「私の同級生が桐朋医会で中心的な役割を担っているので、私も積極的にかかわっています。桐朋医会による講演会や懇談会のほかにも、本校には将来を考えるきっかけとなる様々なプログラムがあります。生徒にはそれらを積極的に活用しながら、自分が進みたい道を模索していってほしいと思います」（原口校長先生）

■2021年３月　大学合格実績抜粋　（　）内は既卒

国公立大学		私立大学	
大学名	合格者数	大学名	合格者数
北海道大	9（3）	早稲田大	68（22）
東北大	11（8）	慶應義塾大	74（37）
筑波大	4（2）	上智大	21（8）
東京大	9（2）	東京理科大	96（56）
東京医科歯科大	1（0）	青山学院大	32（21）
東京外語大	3（1）	中央大	82（55）
東京工業大	10（4）	法政大	61（32）
東京農工大	10（6）	明治大	104（64）
一橋大	8（4）	立教大	30（20）
京都大	4（1）	学習院大	5（3）
大阪大	3（0）	芝浦工大	22（18）

次の100年を生きる

十《じゅう》文《もん》字《じ》高等学校

所在地	〒170-0004 東京都豊島区北大塚1-10-33	TEL	03-3918-0511	女子校
アクセス	JR山手線「巣鴨駅」・「大塚駅」、都営三田線「巣鴨駅」、都電荒川線「大塚駅前駅」徒歩5分			

2022年に創立100周年を迎える十文字高等学校（以下、十文字）。今年度より校長に就任された横尾康治先生に、次の100年に向けた新たな取り組みについて伺いました。

100年目の原点回帰

Q 創立100周年にあたり校長先生の思いをお話しください。

【横尾先生】 将来のことを考えるのはもちろんですが、まずは教育の土台をしっかりしようと、初心に戻って考えてみました。100年前は女子が学ぶというのはとても難しい時代で、学びたい女子になんとか学習の場を与えてあげたいという思いから本校が創立されました。貪欲に学びたいという思いが強かった時代だったのですね。それから100年がたって、学びに対するいまの生徒たちのスタンスはどうなんだろうかと考えたとき、モノや情報は飽和状態で、教育も浴びるように与えられています。学びたいというよりは学ばされている状態で、それでいいのか、と常々思っていました。

横尾康治校長先生

本校の生徒を見てみると、何かを主体的にやりたいという思いを強く感じます。この力を学びに向かわせたい。その第1歩として、「自分で考えて、行動まで移す」ことを今年の大きな軸にしようと思います。将来自分は何をしたいか、いまやってるこの行事や勉強は何のためかを自分ごととして考えて、行動する。当たり前のことですが、そこが一番大事なポイントだと思っています。

Q 具体的な教育目標についてお聞かせください。

【横尾先生】 今年度の教育目標は、「主体性の伸長」「基礎学力の徹底」「社会性の涵養」です。基礎学力をしっかりつけて、あらゆる活動をすべて自分ごととしてとらえて行動し、その次は自走できるように自分たちで学びを進めてほしいと思います。

今年度から授業も変えていきます。本質をとらえて学べるように、PBL（問題解決型学習）で多くの授業を構成するように準備を進めています。

現在、ICTを活用したグローバル社会が進んでおり、今後、コロナ禍がある程度収まってきたときは、グローバルな活動が加速度的に活性化していくのではないかと思います。そうなったときに、社会性の涵養がとても重要になってきます。それぞれが違う考え方を持っていることを、認め合い、理解し合える教養を身につけていかなければ、これからのグローバル時代を生き抜いていけないのではないかと考えています。

次世代に本当に必要な力とは

Q 育成したいコンピテンシーについてお聞かせください。

【横尾先生】 本校が育成したいコンピテンシーは、「挑戦する力」「創造力」

「傾聴力」「自己肯定力」「表現力」「共感力」の6つです。まず動き出したのは、「挑戦する力」です。多くの先生が意識的に、失敗してもいいよ、勇気をもって一歩踏み出そうと、生徒たちに語り掛けています。

その代表的な取り組みの1つが、「生徒広報委員」です。色々な場面で十文字生が学校のよさを発信していく委員会です。学校説明会でのプレゼンでは、受験生の目線に立って学内のリサーチからプレゼンまで自分たちで工夫し、綿密な計画を立てて行っていました。プレゼン後に、委員会への参加理由を聞いてみると、「これまでの自分を変えたかったから」と答えた生徒がいました。クリエイティブな活動を体験することで、大きな自信につながっているようです。

これからは、生徒が挑戦できる教育環境が必要だと思います。自分の持っている力をどう伸ばしていくか、自分の将来を考えて、それに向かって行動する、そういうマインドを身につけてほしいですね。

■2022年度新コース概要

自己発信コース	特選（人文・理数）コース	リベラルアーツコース
募集20名	募集40名	募集40名
自ら学び行動し、未来社会に貢献できる力を養います。	上位難関大学進学により、自己実現をめざします。	幅広い活動を通して、自らの進路を切り拓くための汎用的な思考力を育てます。

生徒の個性や進路に合わせた新しい学びのスタイル

Q 2022年度から始まる新コースについてお聞かせください。

【横尾先生】 生徒たちを見ているとそれぞれの特性の違いを強く感じます。トータルバランスがとれている生徒と1つのことに集中する生徒、ものすごくのめり込んで探究する生徒とそうでない生徒とがいることを、ここ数年とても感じていました。そこで、学びのスタイルが違う次の3コースを設置することにしました。

「自己発信コース」は、探究やPBLの学びで、リサーチ・ディスカッション・プレゼンテーションを学ぶところから始めます。週4時間、探究の時間があり、とことん追究し、理解することにこだわります。そして探究した内容をしっかりと発信できるように、それも英語で発信できるようになるコースです。何か1つのことをとことん追究して学んでみたい人に合っています。

「特選（人文・理数）コース」は、3年間しっかり勉強して、難関国公立・私立大学への進学をめざすコースです。とにかく勉強に特化したコースで、どの科目も得意だという生徒に合っていると思います。

「リベラルアーツコース」は、幅広い教養をしっかり身につけたい人のコースです。文系・理系に分かれるのではなく、かなり多くの選択科目を用意して、生徒それぞれが自分の進路に必要な科目を幅広く選択できるようにしています。

Q 生徒さんに高校3年間をどのように過ごしてほしいですか。

【横尾先生】 高校3年間で、色々なことにチャレンジしてほしいと思います。成功しても失敗しても、そこに自分の新たな側面を見つけることができるはずです。そして、もっと積極的に活動できると思うようになっていくはずです。本校には、生徒それぞれが活躍できる場所が色々と用意されていて、新しいことにチャレンジしても誰も咎《とが》めたりしません。堂々と失敗することができます。それが女子校のよさかもしれません。自分のやりたいことを見つけて、将来自分がなりたい姿をイメージして、実現してほしいと思います。

そして、もしよかったら「生徒広報委員」に入っていただいて、クリエイティブな活動にチャレンジしてみてください。

学校見学会（要Web予約）
7月21日 水
8月21日 土
各10:00～11:30

入試説明会（要Web予約）
10月 9日 土
10月30日 土
11月13日 土
12月 4日 土
各14:00～15:00

個別相談会（要Web予約）

ワクワクドキドキ
熱中部活動

大宮開成《おおみやかいせい》高等学校
薙刀《なぎなた》部

強いきずなで結ばれた仲間と成長していく

今回は男子部員も所属する大宮開成高等学校・薙刀部を訪ねて、その魅力について、それぞれの役職で活動を支えるお２人に話を聞きました。

今回紹介してくれたのは

高3 西田《にしだ》 環《たまき》さん

高3 石崎《いしざき》 夏希《なつき》さん

School information〈共学校〉
所在地：埼玉県さいたま市大宮区堀の内町1-615　アクセス:JR各線・東武野田線・埼玉新都市交通伊奈線「大宮駅」バス　TEL: 048-641-7161　URL: https://www.omiyakaisei.jp/

普段の練習で技を身体にしみ込ませる

なぎなた競技は相手の面、咽喉※、小手、胴、脛《すね》の5箇所へ2m以上もある薙刀を振るう武道です。ただし、高校生以下は咽喉を狙う技（突き）は禁止されており、それ以外の技（面、小手、胴、脛）を使います。

種目には以下の2つがあります。1つは剣道のように防具をつけて戦う「試合」で、相手より先に技を2回決めた方が勝者となります。もう1つは防具をつけない「演技」で、技を先に仕掛ける側とその技に「応じ技」で返す側の2人1組で出場し、技の正確性を競います。

男子の大会は「試合」が多く、女子は「試合」と「演技」の両方で様々な大会が開催されています。また「試合」は個人戦と団体戦があります。

今回お話を伺った西田環さんは、なぎなた競技について「勝つためには、気合いのこもった発声の『気』、正しい刃筋の『剣』と、正しい身体の使い方の『体』をそろえて技を決める必要があります。技自体も練習を繰り返して身体にしみ込ませないと、本番で出せないので、積み重ねが大切です」と語ります。

※のど元

大宮開成高等学校（以下、大宮開成）には中学校が併設されていますが、薙刀部は高校から参加できる部活動です。部員数は約25人で、週5日男女いっしょに活動しています。先輩と後輩の仲もよく、定期的に部を訪れて指導してくれる卒業生もいます。

普段の練習は、足腰を鍛えるために、スクワットやリズムよくステップを踏む「ラダー」などから始めます。「ラダー」は格子状に床に張られたテープの線を踏まないように気をつけて行います。

その後、直近の大会で自分が出る種目などに合わせて「試合」または「演技」の練習を行い、技の精度を高めていきます。なお「演技」は昇段・昇級審査の実技試験の課題になるので、普段は「試合」の練習が多い男子も審査前は両方練習します。

例年は、大会のほかにも埼玉県内や関東、全国の高校が集まる様々な稽古会などに月に1回以上参加し、他校との交流も積極的に行っています。現在は残念ながら中止となっていますが、コロナ禍が落ち着けば再び開催される予定です。これらの催しでは、なぎなた競技を通じて校内だけでなく他校にもたくさんの友人ができます。

先輩の思いを受け継ぎ後輩に伝えていく

薙刀部では、新入部員に対して技を丁寧に指導することはもちろんですが、それ以外に礼儀や「試合」の団体戦について作戦の立て方、部の運営方法のノウハウも代々受け継いでいきます。

薙刀部の副部長である石崎夏希さんは「将来にも役立つこととして、目上の人に対する礼儀やものを大切にする気持ちを先輩から教わりました。とても大事なことだと思うので、後輩にもしっかりと伝えていきたいです」と話します。

また、西田さんの役職である「三代目」は、西田さんと石崎さんの先々代の先輩が作った大宮開成の薙刀部独自の役職です。初代の先輩から二代目、二代目の先輩から西田さんへと受け継がれてきました。

その役割は、普段の練習で率先して動き、大会では「力強いなぎなた競技」を同期や後輩に見せ、部全体の士気を上げることにあります。

しかし昨年度はコロナ禍の影響で大会の中止が相次いだため、大会の実績を残せず、西田さんは「三代目」

スクワット（左）と「ラダー」（右）の様子。力強い技を出すためには足腰の筋力が重要です。

「試合」では面、小手、胴、脛に写真のような防具をつけます。

部員1人に対し、複数人が扇のように並んで順番に技を仕掛け、それに応じていく「扇」と呼ばれる練習。

ワクワク
ドキドキ
熱中部活動

今年の関東大会県予選では「試合」の種目で、女子団体戦2位、男子個人戦1位・2位、女子個人戦で5位という好成績を収めて関東大会への出場権を得ました。

という役職について少なからずプレッシャーを感じていたそうです。

「大会や他校との練習がまったくなかったので自分の実力が測れず、歴代の先輩のように部を引っ張る役割を果たせているかとても不安でした。しかし、今年の4月に関東大会県予選を突破し、『試合』の個人戦と団体戦で関東大会出場という実績がようやく残せたので、努力が実を結び安心しました」（西田さん）

コロナ禍で苦しいときも部の仲間と乗り越えた

昨年度は思うように練習ができず部員のみなさんも苦労したそうですが、同じ部の仲間の存在が心の支えになったと、石崎さんは言います。

「昨年、部の活動が再開したのは7月で、急いで先輩から部の引き継ぎを行ったため、きちんと薙刀部を運営しながら、後輩の指導もできるのか不安でいっぱいでした。それでもなんとか運営できたのは、同級生の部員と、積極的に部になじもうとしてくれた新入部員たちの存在が大きかったと思います」（石崎さん）

加えて、後輩の指導や部の運営について心配なことは同級生の部員で集まって話しあったり、顧問の先生や引退した先輩に聞きながら試行錯誤していたそうです。このように困ったことがあれば気軽に周囲に相談できる雰囲気があるのも薙刀部の魅力です。

部員が強いきずなで結ばれている理由の1つが、新入部員を交えて校内で行う合宿にあります。この合宿では足腰を重点的に鍛えるために、部員全員で長時間スクワットをします。あまりのきつさに2日目には立つことすらままならない新入部員も多いとのことですが、仲間とその苦難を乗り越えて、一気に部員同士の距離が縮まるそうです。

活動のなかで心強い仲間といっしょに成長できる大宮開成の薙刀部。様々な苦難があったとしてもそれを乗り越え、よりいっそう活躍していくことでしょう。

勉強　**先輩からのアドバイス**　受験

㊨高3
石崎 夏希さん
㊧高3
西田 環さん

Q1 大宮開成の魅力を教えてください。
石崎さん：勉強に意欲的な人が多いことです。ぼくのクラスでは、先生にわからなかったことをどんどん聞きにいく同級生が多いので、質問するのが苦手でも周りに感化されて先生に話しかけられるようになります。
西田さん：私は先生方の指導が丁寧なことだと思います。毎週国語、数学、英語などの小テストがあり、基礎がきちんと身につくので、苦手だった英語も克服できました。

Q2 お2人とも高校から大宮開成に入学したそうですね。受験期はどんな勉強をしましたか。
石崎さん：ぼくは朝から夜まで、ずっと塾で勉強しました。とくに工夫したのは、社会と理科の勉強です。塾の問題集や学校の教科書などの内容を1冊のノートにまとめて頭のなかを整理しながら、本によって表記が違うことや書かれていないことを補っていました。
西田さん：私は間違えた問題をノートに書き出して復習することで、着実に覚えるようにしていました。

Q3 中入生とは3年間別のクラスで過ごすそうですが、交流はありますか。
西田さん：部活動などでいっしょに活動しています。中入生はフレンドリーな人が多かったので、仲よくなれました。

Q4 部活動と勉強の両立のコツはなんですか。
石崎さん：薙刀部の大会や稽古会などがある日は部の活動に専念して、その分、別の日にしっかりと勉強しています。
西田さん：私も切り替えを大切にしています。例えば、学校の休み時間やホームルームまでの空き時間をうまく使って課題をこなしています。

Q5 最後に読者へのメッセージをお願いします。
西田さん：なぎなた競技について耳にしたことはあるけど、どういうものなのかわからない人も多いと思います。もし興味を持ってもらえたら、なぎなた競技について調べたり実際に見てもらえると嬉しいです。
石崎さん：大宮開成は自習スペースなどがとても充実していて、勉強に打ち込みやすい環境が整っています。勉強も部活動も頑張りたい人は過ごしやすい学校です。

学校選びのスタートに

まず学校説明会に参加しよう！

受験生の正念場、夏休みが始まります。そして夏休みは、志望校選択の大事なスタートである学校説明会が、本格化する時期と重なります。「学校選び」で、まずやらねばならないことは「色々な学校を知ること」です。そのために最も重要なのが学校説明会への参加です。とくに今年の学校説明会は、昨年からのコロナ禍で、これまでとは違った様相を示しそうです。

受験可能性がある学校の説明会には必ず参加を

夏休みが始まると学校説明会が盛んに開催されます。

コロナ禍によって、昨年各校の説明会では対面のリアル説明会に代わって、オンライン説明会が登場しました。しかし、今年

学校選びのスタートに

まず学校説明会に参加しよう！

今年はリアル開催が復活！学校説明会には必ず行こう！

は各校ともリアル説明会開催が優勢です。みなさんはまず学校に足を運ぶことを考えましょう。ここでは学校説明会そのものに着目し、そこに出かけていく目的について考えます。

学校説明会は、学校が開催する生徒募集イベントです。その学校への入学を志望する受験生やその保護者に向け、学校の魅力や学校生活の様子、募集要項、入試に関する注意点などを学校がPRする場です。

7月のこの時期、私立高校のなかには、すでに第1回の学校説明会を終えているところもありますが、首都圏ではほとんどの高校の学校説明会が、夏休みに入ってから本格的に始まり、11月ごろまでの間に集中します。

公立高校も、積極的に学校説明会を開催するようになっていますし、受験生・保護者に向けたものだけでなく、いまでは進学塾の先生方に向けた学校説明会も行っているほどです。

学校説明会以外に「授業見学会」や部活動も体験できる「オープンキャンパス」、「体育祭」「文化祭」などの見学イベントもありますが、今年は新型コロナウイルス感染症の予防対策が優先されるため、おもな学校説明会以外はオンラインの採用となっています。

また昨年とは違って、予防対策を講じ予約制で密を避けた大小の「合同学校説明会」も開催されそうです。この催しは学校同士を比較することによって学校を見る目も養われ、併願校を絞り込む際に重要なポイントになります。

これらの説明会日程は、各校ともすでにホームページなどで発表しています。まずは日程を確認してほかに気になる学校とのブッキングなどをチェックしましょう。

とくに、説明会の回数が少ない学校は初秋に集中します。

志望校の説明会日程が重複してしまう場合もあります。その日はどちらを優先するのか、片方はオンライン学校説明会を録画できるかなど、早めの確認が必要です。

感染症対応のための変更や日程新設、人数制限もあります。学校に入るにあたって、各校の予防のための取り決めなども確認する必要があります。

高校入学後に「こんなはずでは……」などということにならないためにも、受験可能性のある学校説明会へは必ず参加しておきましょう。

今年の学校説明会はなにが変わる？

新型コロナウイルス感染症のまん延で、昨年の学校説明会には様々な制限がかけられ、受験生は学校を知る機会が時間的にも空間的にも削られてしまう形となりました。今年は昨年に比べれば制限は緩和されそうですが、まだ十分とはいえません。ただ学校側は昨年の経験を活かして自らの学校を少しでも受験生に知ってもらおうとの努力が垣間見えます。今年の学校説明会はどのように行われるのか、予想される範囲でまとめました。コロナ禍で図らずも進化したオンライン説明会については、そのデメリットも含めて32ページから解説します。

昨年は苦しみ抜いた教育界 今年も予断許さぬコロナ禍

6月に入り、首都圏でも緊急事態宣言は解除され、切り札とされるワクチンの接種も高齢者を中心に進んできました。しかし、新型コロナウイルス感染症の収束には、まだまだ時間がかかりそうです。

昨年の学校現場は経験のない現実に直面しました。3カ月におよぶ休校のあとも、いわゆる「三密の回避」を遵守《じゅんしゅ》するためにリモートの授業が常態化しました。

オンライン説明会はPRが課題に やっぱりリアルで説明会をやりたい

昨年は、例年なら始まっている時期になっても各校のHPには学校説明会「中止」「延期（期日未定）」の文字が並びました。

その苦境下に生まれたのがオンライン学校説明会でした。各校が進めたリモート授業のシステムが転用できたのです。各校ともいっせいに採用したオンライン学校説明会は、一定の効果はあげましたが、学校の先生たちの手応えはもう1つでした。

原因の1つは「いつ実施するか」がわかりにくかったことでした。学校HPに予定を掲載したり進学塾を通じてPRしたりはしたものの「いつ？」の周知は当初思うようにいきませんでした。今年は、すでに日程が発表されていますし、昨年よりはスムーズに進みそうです。ただ、5月、緊急事態宣言が延長された時期には、いくつものリアル学校説明会が中止やオンラインへの切り替えを余儀なくされました。

学校の先生方のオンライン説明会への反応は「参加人数や反応は、やっぱりリアル説明会にはかなわない」「受験生の顔が見たかった。パソコン上では顔を出さない人もいる」などの声が聞こえました。

昨年秋以降はリアル説明会再開へ 今年も予防徹底してリアル説明会

これらの声を受けて、昨年は秋以降リアル説明会の再開がめだちました。各校とも

学校選びのスタートに

まず学校説明会に参加しよう!

今年のリアル説明会は…

予約制
感染予防対策
短時間
人数制限

制限があることに注意して参加への道を探ろう

チャンスを見逃さないように志望校のHPはこまめにチェックじゃ!

徹底した感染予防対策を施したうえでの再開でした。

マスク着用、検温、消毒、アクリル板設置などは当然のこととして、校内見学も短時間に限定し、家族ごとに1人の教員がつき、そのグループ間は15分以上離れて回るなど、徹底されていました。

そして入試後、リアル学校説明会参加者数などを比較してみると、リアル学校説明会を実施した学校の方が、受験者数の結果がよかったとの報告があがっています。

以上のことから、今年は昨年よりもオンライン学校説明会が減り、リアルで学校説明会を行う学校が増えそうです。昨年はほぼすべてが中止された合同学校説明会についても、今年は感染予防対策を徹底しての実施に向かって企画が動いています。

ただし、完全予約制で、1回ごとに先着順で人数制限を行う形での実施です。参加人数が制限される場合がありますので、各校のHPでの予約情報に注意し、感染の予防に努めながら参加の道を探ってみてください。

オンライン学校説明会は、自宅にいながらにして参加でき、録画しておけば自由なときに繰り返し視聴できるなどの利点はありますが、実際に学校の雰囲気を感じ取れるのは「足を運ぶ」ことにはかないません。

今年は各校の情報に敏感に対応し、オンライン学校説明会とリアル学校説明会両方が実施されるならリアル学校説明会の方に参加することをおすすめします。

東京オリンピック・パラリンピックも開催に向けて動き始めました。首都圏では同大会の進捗、交通状況によって学校説明会の日時が変更される可能性もあります。

志望校のHPからの情報に敏感に反応できる準備を整えましょう。

知っておきたい「オンライン学校説明会」の注意点

森上教育研究所
高校進路研究会

前のページまで、今年の学校説明会や、各都県で行われる合同学校説明会がどのように実施されるのかについての説明を中心に、みなさんが夏休みに出かけていく学校説明会はリアル説明会とオンライン説明会の二本立てになること、そしてそのポイントについてお話ししました。続くこのコーナーでは、多くの学校説明会で採用が予定されているオンライン説明会について、参加の注意点を森上教育研究所から伝えてもらいます。

昨年のコロナ禍で生まれたオンライン説明会

ワクチンの接種が急ピッチで進められているとはいえ、大勢の人が集まることは難しい状況が続いています。

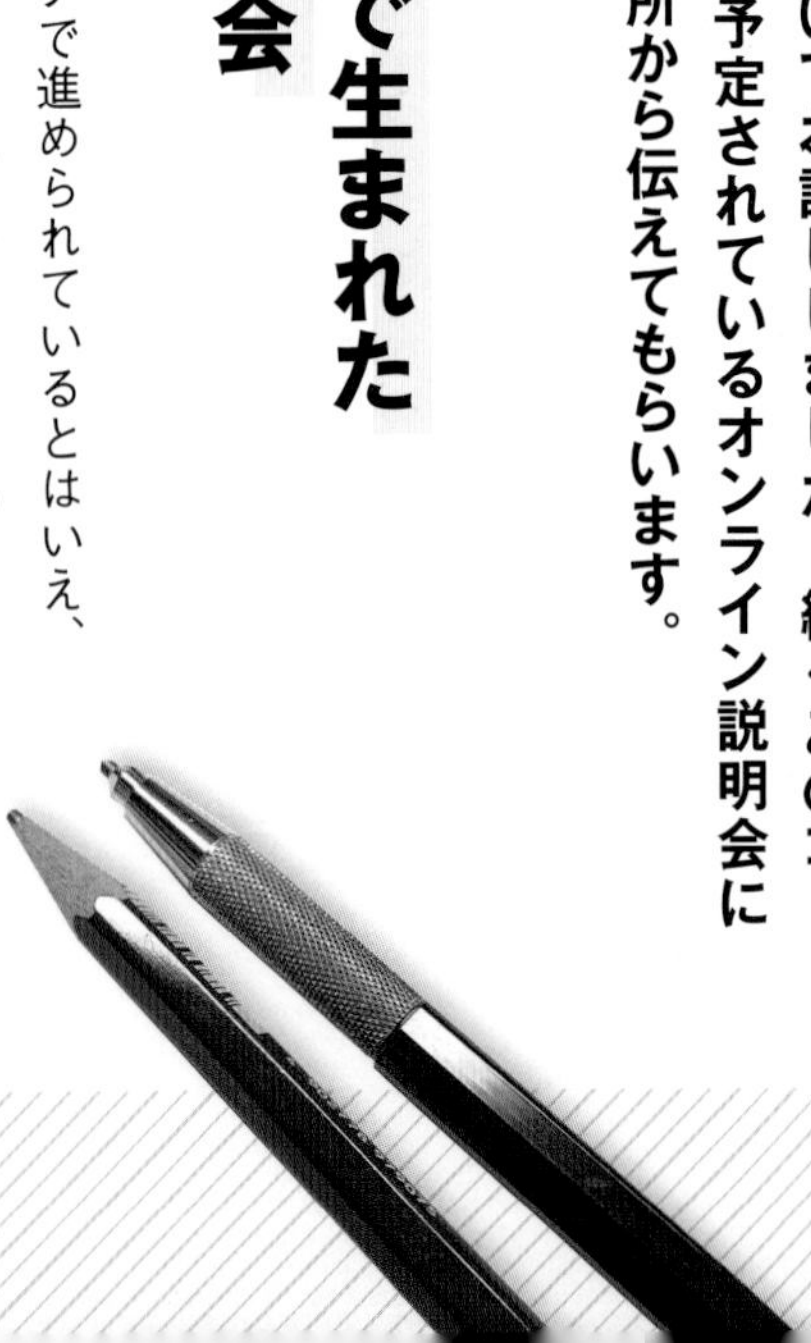

知っておきたい
「オンライン学校説明会」の注意点

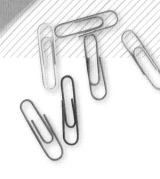

昨年度は体育祭はもちろん文化祭や学校説明会まで、志望校を選ぶにあたって重要なイベントが軒並み中止となってしまいました。そのような状況のなかで学校も受験生も、少しでも情報を発信し、そして受け取ろうと工夫を重ねました。その結果多くの学校でオンライン説明会が実施されるようになったのです。

様々な制限があるなかでいかに必要な情報を届けるか、という試みから始まったオンライン説明会ですが、多くの学校が開始したことで、学校選びの方法に変化が出てきました。

オンライン説明会のメリット・デメリット

オンライン説明会は、インターネット環境があればスマートフォンやタブレット、PCで自宅からでも参加できる説明会です。この自宅にいながら説明会に参加できる手軽さからか、1人あたりの参加校数が増えているというデータもあります。移動時間がかからない気楽さもあり、少し興味を持っている程度だった学校にも参加しやすくなっているのでしょう。また、親子や友人同士で会話をしながら参加する方もいます。リアル説明会ではおしゃべりしながら聞くことはできませんので、感想を出しあいながら複数の視点で学校を俯瞰《ふかん》できることや、メモも取りやすく、情報収集に便利なこともオンライン説明会のメリットといえます。

一方、デメリットもあります。

実際に足を運んでいるわけではありませんから、どうしても学校の「雰囲気」はつかみにくく、将来お世話になるかもしれない先生とゆっくり話せないというジレンマもあります。

基本的にリアルにせよ、オンラインにせよ、学校説明会というものは、後述するリアルタイム配信型であっても、その内容は、ある意味編集されています。

つまり、学校が発信したい内容で構成されているということです。

それでもリアル説明会なら、在校生の様子やふとした瞬間の先生の言動など、素の学校の姿を確認することができます。のちに同級生となる可能性のある、ほかの参加者の様子も知ることができます。

このような肌で感じる雰囲気は意外に重要で、学校の印象に影響を与えます。

様々な人が、一度は志望校もしくは興味を持った学校に行くことをおすすめする理由はここにあります。

オンライン説明会の4つのタイプ

このリポートの主眼であるオンライン説明会ですが、大

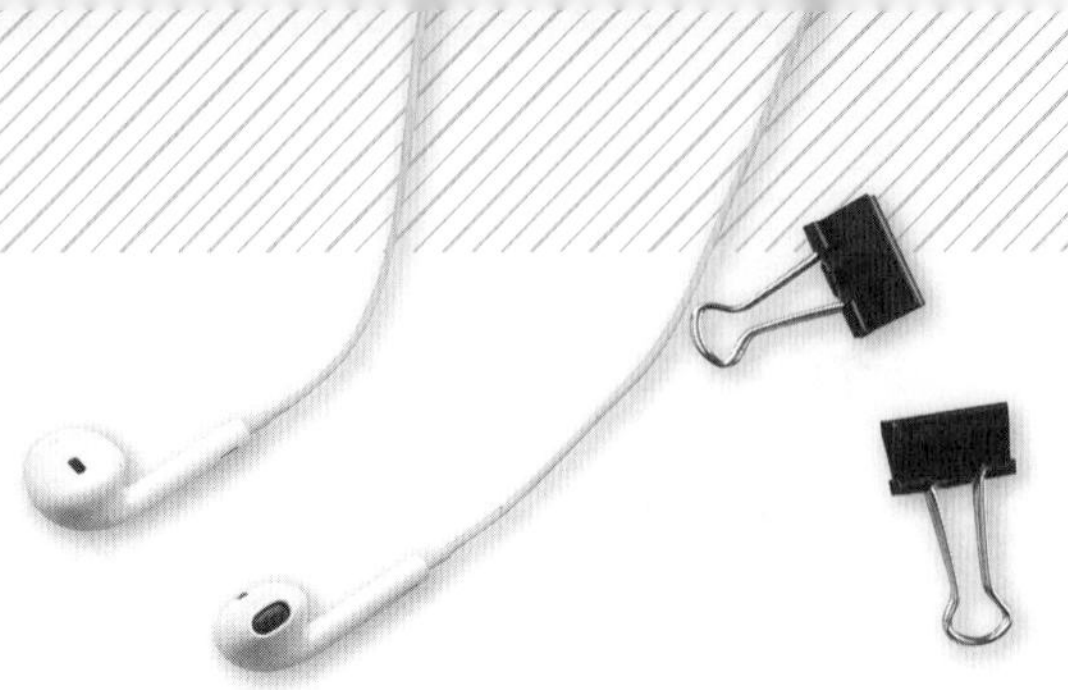

知っておきたい「オンライン学校説明会」の注意点

きく分けて4つのパターンがあります。

事前に撮影・編集された動画を特定の日時に配信する「動画配信型」。

学校のWEBサイトにいつでも視聴可能な動画が掲載されている「WEB掲載型」。

リアルで行われる説明会をオンラインでも配信する「リアルタイム配信型」。

そして少人数グループまたは1対1の「双方向・個別相談型」です。

「双方向・個別相談型」は、多くの場合、質問がしやすく、その場で疑問を解決することができます。一方、「動画配信型」と「WEB掲載型」はその場で質問することができないデメリットがありますが、メモを取りやすく、複数の学校を比較検討する際に便利です。

●説明会のおもなチェックポイント

教育内容について	
コースによるカリキュラムの違い	コースによってどのような特徴があるのか。また深度・進度の違い、コース間移動ができるかなど
授業に特徴があるか	アクティブラーニング、探究学習、ゼミ形式、オンライン授業やICTの活用、外国語への取り組みなど、授業の特徴を確認
進路指導の方針	大学合格実績、キャリア教育、大学など学外組織との共同講座など
授業以外の学習支援	自習室の開放やチューター制、クラスごとではなく学年担任制であるなど
学校生活について	
校舎・その他設備、制服	図書館や自習室、ICT環境、Wi-Fi環境が整っているか、制服は好みかなど
1年間の流れ	学校行事や修学旅行、海外研修など
部活動の様子	興味がある部活動の様子、活躍状況など
その他	
在校生の感想	在校生が学校のどの部分に満足しているのか

オンライン説明会で志望校を絞り込む

とかく学力難易度で志望校を決めがちですが、学校、とくに私立高校には、みなさんが思っている以上に個性があります。オンライン説明会では、なるべく多くの学校に参加しポイントを押さえながら比較検討して絞り込みを進めてください。

表で示したのは、学校の個性が出やすい項目です。オンライン説明会の流れや構成はどこも似通っていますが、これまでの傾向として、予約制の限定配信回では内容が濃い傾向にあります。

こうして絞り込みを進めたあと、興味を持った学校には、可能な限り足を運んでください。理由はオンライン説明会のメリット・デメリットで前述した通りです。

なお、コロナ禍のいま、リアル開催の説明会は、すでに述べた通り、そのほとんどが予約制となっています。回数や席数が少なくなっており、申し込み受付が開始された数分間で満席となる学校も続出しています。

興味を持った学校や志望校として絞り込んだ学校については、感染予防をしっかりしたうえで、可能な限り早めに予約を取りましょう。

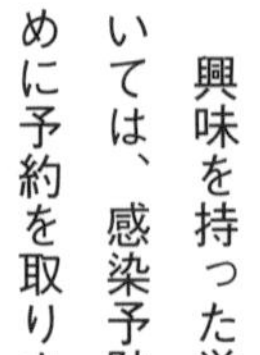

森上教育研究所
1988年、森上展安氏によって設立。受験と教育に関する調査、コンサルティング分野を開拓。私学向けの月刊誌のほか、森上を著者に教育関連図書を数多く刊行。高校進路研究会は、幅広い高校進学ニーズを抱える中学生、保護者に向け、おもにWebを通じて様々な角度から情報を提供。

受験生のための
明日へのトビラ

このページは高校のこと、その教育のこと、高校入試のこと、中学校での学びを含めて、みなさんが直面する身近な問題や情報をお伝えしていくページです。保護者のみなさんも必読です。今号では、首都圏（東京、神奈川、千葉、埼玉）公立高校の来年度入試日程を掲載しました。東京都立立川高「理数に関する学科」の募集詳細が新たに公表されています。

NEWS

全国 高校の新教科書の内容決まる 自主性促す授業への転換に対応

文部科学省は、来年度、新学習指導要領に対応した初めての教科書のうち、高校1年生が使う教科書の検定結果を公表した。

新しい学習指導要領に対応した初めての教科書で、自ら課題を見つけ、解決策を考えていく「主体的・対話的で深い学び（アクティブラーニング）」の理念が全11教科に盛り込まれた。

新たな科目「歴史総合（日本と世界の近現代史を融合して学ぶ）」「公共（防災などを学ぶ）」や「情報Ⅰ（おもにプログラミングを学ぶ）」も登場している。

高校では2022年度から新しい学習指導要領での学びが始まる。全教科書でアクティブラーニングが導入され、討論や調べ学習など、生徒が自ら進んで学ぶ授業への転換が図られることになるが、新教科書にはその手引きとなる内容が意識されている。また、新教科書の多くは「探究学習」も取り入れている。

なお、大学入学共通テストでは2025年度から、「情報」などの新科目が出題される予定で、来年度以降、今回の教科書で学び始める新高校1年生からが、その対象となる。

東京 都立高校の男女別定員が話題に 医大の男女合否差別がきっかけ

この春から新聞やテレビといったメディアの報道で、東京都立高校の男女別定員制が話題となっている。

2018年、私立大学の医学部で女子受験生や浪人生に不利な配点が密かに設けられていたことが発覚して問題に。今年に入って、全国で唯一男女別定員制を採る都立高校の制度も差別ではないかという意見が聞かれるようになった。

都立高校の一部では女子の合格最低点が、男子に比べ40点以上も高い例があり、女子が不当に扱われて不合格になっているという主張だ。

都立高校では一部の学校で、募集定員の9割までを男女別に合格者を決め、残りの1割を男女合同定員で決定する男女別定員制緩和を実施。この制度で男女間の合格最低点を是正、2021年度入試でも42校が導入している。また、定員を事前に公表しているので問題になった医大の差別とは違うという見解もある。

高校受験生が他府県とはケタ違いに多い東京都では、それを私立高校と分担しているという事情もあり、簡単に男女合同定員にすればよいというものでもなさそう。ここにきて都教委での議論が注目されている。

東京都立 （全日制）

推薦に基づく選抜
［出願期間］ 2022年1月12日（水）～17日（月）
※入学願書は郵送（上記期間に必着）により受付
［入試日］ 1月26日（水）、27日（木）
［合格発表］ 2月2日（水）
学力検査に基づく選抜
◆一次募集（分割前期）
［出願期間］ 2022年1月31日（月）～2月4日（金）
※入学願書は郵送（上記期間に必着）により受付
［学力検査］ 2月21日（月）
［合格発表］ 3月1日（火）
［追検査］ 3月9日（水）※二次募集と同日　※インフルエンザ罹患《りかん》等で一次募集を受けられなかった者が対象
［追々検査］ 3月25日（金）※定時制二次募集と同日　※インフルエンザ罹患等で追検査を受けられなかった者が対象
◆二次募集（分割後期）
［出願期間］ 2022年3月4日（金）
［学力検査］ 3月9日（水）
［合格発表］ 3月15日（火）

都立国際バカロレアコース入試日程

都立国際高校バカロレアコースの受検者は、入学願書を学校へ持参することとし、出願受付期間は1月20日（木）と21日（金）の両日とする。

入試日、合格発表日は、上記「推薦に基づく選抜」と同日程で実施される。

延期の中学校英語スピーキングテストは

東京都が新設する「東京都中学校英語スピーキングテストESAT-J」は、新型コロナウイルス感染症対策に伴う臨時休校の影響などで、2020年度以降の計画を1年ずつ繰り下げていたが、今秋の第3学年約8万人に対する「確認プレテスト②」から再開する。

都立高入試への本格的な活用は、当初の予定から1年繰り下げ、現在の中学2年生（2023年2月に入試を迎える学年）からの活用開始となる予定。

この英語スピーキングテストは、現在の都立高入試「英語」では、読む、書く、聞く、は試されているが「話す」は置きざりにされてきたことを是正するものとして、都立高入試前の秋～冬に公立中学の3年生にいっせいに実施されるテストで、その結果が年明けの入試の得点の一部に反映される計画。

すでに2019年秋から冬に「プレテスト」（8000名規模）、2020年に「確認プレテスト①」（一部抽出校の中学3年生約9200名を対象に行い、タブレットとカナル型イヤホン、防音イヤーマフを使い、解答音声を吹き込む試験形式で実施され、1年遅れとはいえ、順調に本格実施へと進んでいる。

都立立川に新設の「理数に関する学科」

来春（2022年度）、都立立川高校に設置を予定している「理数に関する学科」の入試概要は次の通り。詳細は「令和4年度東京都立高等学校入学者選抜実施要綱・同細目」に定め、今秋9月に公表の予定（募集人員は10月発表）。

◆推薦に基づく選抜（特別選抜）
【対象人員】 募集人員の20%
【選考】 ①調査書　②研究実績報告書に関する口頭試問（志願者は、科学的な取り組みに関する研究実績報告書～A4判2枚以内、様式任意～を出願時に提出する）、③小論文、④個人面接、を総合した成績（総合成績）により選抜する。
【合格候補者の決定】 男女合同の総合成績の順に決定。一定の水準に達していない場合、定員内であっても不合格となる。
◆学力検査に基づく選抜
【出願】 志願者は「理数に関する学科」、「理数に関する学科・普通科（併願）」または「普通科」のいずれかを選択して出願する。ただし、「理数に関する学科」を併願して受検した場合は、先に理数に関する学科の選考対象となる。
【選考】 調査書および学力検査を総合した成績（総合成績）により行う。
【学力検査】 学力検査は、普通科と同じ問題で行う（5教科のうち、国語、数学および英語は自校作成問題）。
【合格候補者の決定】「理数に関する学科」または「理数に関する学科・普通科（併願）」に出願して受検した者から、男女合同の総合成績の順に決定する。不合格者のうち、併願している者は普通科における選考対象者にもなる。

首都圏公立高校2022年度入試日程

神奈川県公立　（全日制）

［出願期間］2022年1月25日（火）～2月1日（火）
※土日は除く。同25日（火）～27日（木）は郵送のみの受付（必着）。
［志願変更期間］2月4日（金）～8日（火）
※土日は除く
［学力検査］2月15日（火）
［面接・特色検査］2月15日（火）、16日（水）、17日（木）
［追検査］2月21日（月）
［合格発表］3月1日（火）
［追加の検査］3月10日（木）
［追加の検査の合格発表］3月16日（水）
※［追加の検査とは］新型コロナウイルス感染者または濃厚接触者認定により学力検査等のすべてを受検できなかった人のうち、受検を希望する人を対象として実施。

千葉県公立　（全日制）

◆本検査
［出願期間］2022年2月9日（水）、10日（木）、14日（月）
［志願変更期間］2月17日（木）、18日（金）
［学力検査］2月24日（木）、25日（金）
◆追検査
［追検査受付］2月28日（月）、3月1日（火）
［追検査］3月3日（木）
［合格発表］3月7日（月）

埼玉県公立　（全日制）

※埼玉県公立の入試日程は、当初発表から変更されていますので注意が必要です。

［出願期間］2022年2月10日（木）、14日（月）、15日（火）
※2月10日は郵送のみ（配達日を同日に指定）
［志願変更期間］2月17日（木）、18日（金）
［学力検査］2月24日（木）
［実技検査（芸術系学科等）、面接（一部の学校）］2月25日（金）
［合格発表］3月4日（金）
［追検査］3月7日（月）
［追検査合格発表］3月9日（水）

［留意事項］
※新型コロナウイルス感染症陽性者の受検機会を確保するため、学力検査から11日後に追検査を実施する。
※新型コロナウイルス感染症の濃厚接触者は、行政検査陰性、無症状、公共交通機関を利用しないといった条件を満たせば、学力検査または追検査の受検を認める。
※追検査はインフルエンザ罹患をはじめとするやむを得ない事情により学力検査を受検できなかった志願者も対象とする。
※追検査の入学許可候補者は、原則、募集人員の枠外で決定する。
※欠員補充の日程および内容については、実施する高等学校において定める。

開智高等学校

進学実績を支える開智メソッド
【授業、補習、特別講座をリンクした徹底サポート】

毎年、高水準の大学合格実績を重ねている開智高校。今回は、その裏づけとなっている「高い教育力」の秘密に迫ります。

高品質な授業と、その効果を最大限に生かす補習と特別講座

《授業》

開智高校では、大学受験指導に精通した教師集団による、質の高い「授業」が毎日行われています。各単元の基礎的な知識や考え方の習得から、それらを自ら使いこなして考えていけるようになるまで、少しずつ、着実に生徒たちのレベルアップを図っています。

基礎となる学習部分では、先生からの講義が中心となる「授業」が行われるとともに、徹底した反復学習が行われます。その段階を終えると「学びあい」の段階に入ります。「学びあい」とは、先生からの話を聞くだけでなく、自ら課題や疑問点を発見し、それらを仲間とともに学ぶことで、より深い理解をめざす学習スタイルです。生徒たちは「学びあい」を通して、自分自身で調べ、思考し、発信するという一連の学習姿勢を獲得していきます。主体的な学び体験を通じて、それまで自分の「外」にあったものを「内」に取り込むことができるようになるのです。

このような主体性を持った生徒と、卓越した指導力を持った教師集団とによって毎日の「授業」が作り出されています。

《補習と特別講座》

授業の学習効果をさらに深めているのが、放課後に実施されている「補習」（1・2年生）と「特別講座」（3年生）です。

1・2年生のときには月曜日と木曜日に2時間ずつ、3年生になると月曜日から土曜日まで毎日3時間ずつの「講座」が用意されています。1・2年生は「補習」という名目で自由参加ですが、すべての生徒が参加しています。3年生は自分が必要とする「講座」を選択して受講します。1・2年生の「補習」は授業を担当している教師が行っているので、授業と完全にリンクした内容となっており、生徒の理解度に応じて内容を精選できるだけでなく、授業で扱った教材との重複を完全に避けることができます。そのため学習効果が極めて高いので、すべての生徒が「補習」に参加し、レベルアップしています。

なお、受講料は無料ですが、3年

◆2021年度　学校説明会日程　※HPにてご予約ください。

日程	1回	2回	3回	
7月31日（土）	10:00～	13:00～	16:00～	質問コーナーあり
8月21日（土）	10:00～	13:00～	16:00～	
日程	1回	2回	3回	個別相談会　約15分
9月18日（土）	10:00～	13:00～	16:00～	11:45～17:15
10月16日（土）	10:00～	13:00～		11:45～17:15
11月21日（日）	10:00～	13:00～	16:00～	9:30～17:30
12月11日（土）	10:00～			10:00～16:30
12月19日（日）	個別相談会のみ実施			9:30～15:00

※個別相談会もＨＰより予約が必要です⇒https://www.kaichigakuen.ed.jp

生の「特別講座」だけは、多くの入試問題を取り上げるので、教材費として500円（問題集代金など）が必要になります。

《特別講習》

「特別講習」として夏期講習、冬期講習、直前講習および春期講習が準備されています。例えば夏期講習については、1ターム5日間で、夏休み期間中に第1期から第6期までの全6タームが設定されています。

1・2年生対象には第1期、第6期の10日間の講習が、3年生対象には全期間30日間の講習が行われます。一日あたり1・2年生には3～4時間、3年生には6～8時間の授業が組まれています。また第1期講習の後に自由参加ですが、3泊4日の独習合宿も実施されています。

直前講習は3年生だけに行われる特別講習で、大学入学共通テスト対策講座、国立2次試験対策講座、私大対策講座など、入試パターンに合わせた講座が実施されます。

夏期講習、冬期講習、春期講習は1時間あたり360円で受講できるようになっています。直前講習についてはすべて無料で受講できます。

「わかったつもり」を徹底的に排除する

《独習》

開智高校の教師はいろいろな意味で「授業がうまい」ため、かなりの難問であっても授業中には理解することができます。しかし大切なのはここから先です。自分独りでその問題を解きなおしたときにきちんと再現することができるか、この「再現性」こそが実力として身についた部分だからです。そのためにまず「独りで」自分自身と向きあう作業が必要になります。これを開智では「独習」と呼んでいます。

そのための時間と場所を開智高校ではふんだんに準備しています。早朝、昼休み、放課後はもちろん、休日も落ち着いた環境（個人ブース形式）で「独習」できる「独習室」が約250席準備されています。平日は、1・2年生は夜7時まで、3年生は夜9時まで利用することができ、休日は朝9時から午後5時まで利用することができます（平日夜7時以降はバスで駅まで送ります）。

また校舎内には「独習室」とは別に仲間と一緒に勉強したり、先生に質問したりするための場所として「学びあいスペース」が何ヵ所も設けられています。それらのスペースには丸テーブルがたくさん置かれていて、合計で約300席になります。静かに自分と向きあう「独習」と、仲間とともに高めあう「学びあい」とを目的に応じて使い分けられるようになっています。

勉強のこと、進路のこと、部活動のこと…何でも気軽に相談できる先生

《サポート》

授業と独習の両輪で進めていく開智での学習ですが、それをより効果的にするのが「サポート」です。開智の職員室は、そのものが生徒の通行場所になっています。その通行場所の一部が広くなっていて、そこに職員室があるといった状態です。また職員室内にも生徒たちの「学びあいスペース」が40席以上設けられています。このスペースにより、勉強についての質問だけでなく、様々な相談を先生にしやすい環境が開智にはあります。このハードルの低さが、生徒に対する「サポート」の高さになっています。「わからないことは明日に持ち越さないこと」「ひとりで悩みを抱え込まないこと」開智高校の教師は全力で生徒のみなさんを「サポート」していきます。

KAICHI
開智高等学校
高等部（共学）
〒339-0004 埼玉県さいたま市岩槻区徳力186
TEL 048-793-1370（高等部職員室）
https://www.kaichigakuen.ed.jp/
東武アーバンパークライン（東武野田線）
東岩槻駅（大宮より15分／春日部より6分）北口 徒歩15分

《3年間のコース編成》

1年次	Tコース（クラス）	入試の結果、クラス編成テストの結果でクラスが決まります。ベースカリキュラムは全コース（クラス）共通です。
	Sコース（クラス）	
	Dコース（クラス）	

2年次	理系	Tクラス・SDクラス	1年次のコース・クラスにかかわらず、系の希望および1年次の学習成績等により再編成します。
	文系	Tクラス・SDクラス	

3年次		Ⅰ類	Ⅱ類	2年次のクラスにかかわらず、類の希望および2年次の学習成績により再編成します。系の変更はできません。
	理系	Tクラス	SDクラス	
	文系	Tクラス	SDクラス	

G

H

D キャレルタイプの自習室　E 藍桐祭　F 体育祭　G 箏曲部　H サッカー部

東京都市大学《とうきょうとしだいがく》等々力《とどろき》高等学校

〈共学校〉

「英語・国際教育プログラム」「理数教育プログラム」という2つの特色あるプログラムを行う東京都市大学等々力高等学校。独自開発した『TQノート』や、生徒1人ひとりを手厚く支援するサポート体制も魅力の学校です。

新しい大学入試にも対応する多様な学びの数々

「英語・国際教育」と「理数教育」に注力

「誇り高く高潔な人間性を陶冶《とうや》すること」、そして「ノブレス・オブリージュとグローバルリーダーの育成」をめざす東京都市大学等々力高等学校（以下、東京都市大等々力）。教育の柱として重視しているのは、「英語・国際教育プログラム」と「理数教育プログラム」の2つです。

1つ目の「英語・国際教育プログラム」は、音読や多読中心の英語教育と、多彩な国際交流によって、国際社会で活躍するために必要な英語の実践力を伸ばすものです。「生徒には、より質の高い体験をしてほしいので、例えば高2全員を対象に、イギリス・オックスフォード大学語学研修旅行を実施しています。世界的にも名門の同大学で、ディスカッションやプレゼンテーションに挑戦した生徒たちは、大きく成長して帰ってきます」と進路指導部長の宮内伸人先生は話されます。

2つ目の「理数教育プログラム」の特色は、東京都市大学の附属校として、工学、環境学、メディア情報学など、多岐にわたる分野の高大連携講座を用意している点です。そのほか、思考力や応用力を鍛える数学の授業や、実験を重視した理科の授業を普段から展開するとともに、「プログラミング講

Photo　A オックスフォード大学語学研修旅行　B オーストラリア夏季語学研修　C タブレットを活用した授業

写真提供：東京都市大学等々力高等学校　※写真は過年度のものを含みます。

座」も開講しています。

また早くから大学入学共通テスト（以下、共通テスト）に関する対策もスタートさせており、主要5教科の全教員が、共通テストのサンプル問題を解いて結果を分析。そのうえで共通テストで必要となる思考力・判断力・表現力を身につけるために、授業のなかに、いままで以上にアウトプットを取り入れたり、定期試験でも論述や資料問題を積極的に導入したりと、様々な対策を進めていたそうです。

「さらに今年からは少なくとも年に1回、全教員が必ずほかの教員に向けて授業を公開する試みを始めています。互いの授業を見学しあい、そこから多くの気づきを得ることで、より授業の質が高められることでしょう」（宮内先生）

様々な場面で役立つ『TQノート』

東京都市大等々力では、高校から入学する高入生は、中学から進学してくる中入生とは高1は別クラスで学び、高2から合流します。

宮内先生は高入生の進路について、「本校は万全の進路指導体制を整えて生徒たちをサポートしているので、高入生も中入生に引けを取らず、3年間で難関大学への合格を果たしています」と話します。

そうしたサポートの一例をご紹介すると、コロナ禍でもオンラインツールを活用し、いままで以上の頻度で1対1での面談を実施する。大学入試改革に伴い複雑化した入試方式に関する情報を素早く正確に収集、そのうえでわかりやすくまとめたレポートを配信する。生徒が自学自習の習慣を身につけ、時間管理能力を養うために活用する『TQ（Time Quest）ノート』のこまめなチェックと返信、などがあげられます。

「高3の生徒からは、受験勉強で苦しい思いをしているときに、担任の先生からもらったコメントが励ましになって、辛い時期を乗り越えられたという声が多く届いています。そうした話を聞くと、進路担当の教員として私も嬉しくなります。

『TQノート』は勉強の計画を立てて、その成果を振り返り、のちの学びに活かすという『自学自習に役立つノート』である一方、勉強の記録や教員とのやり取りが残っていることで、『あのときこんなに頑張っていたんだな』『先生がこんなに励ましてくれていたんだな』という、『精神的な支えになるノート』でもあると思っています」（宮内先生）

ほかにも、自学自習に最適な、キャレルタイプ（仕切り型）の自習室と、チューターから1対1で指導を受けられる個別指導室が備わった「学習支援エリア」をはじめ、生徒の学習を応援する施設・設備が整っているのも大きな魅力です。教員の熱意と充実した環境が、生徒の夢をあと押ししている東京都市大等々力です。

スクールインフォメーション

所在地：東京都世田谷区等々力8-10-1
アクセス：東急大井町線「等々力駅」徒歩10分
生徒数：男子447名、女子344名
TEL：03-5962-0104
URL：https://www.tcu-todoroki.ed.jp/

2021年3月　おもな合格実績

北海道大	1名	早稲田大	17名
筑波大	2名	慶應義塾大	4名
東京大	1名	上智大	30名
東京工業大	1名	東京理科大	28名
東京学芸大	2名	G-MARCH	238名
横浜国立大	9名	私立大学医学部	5名

※現役生のみ

G

H

突撃 スクールレポート

E オンライン授業に新井校長も飛び入り参加！　F 大活躍するiPad　G 甲子園での応援風景　H 名門ケンブリッジ大学での研修

日本大学《にほんだいがく》第三《だいさん》高等学校

〈共学校〉

「明正強」を創立以来の教育目標とする日本大学第三高等学校は、日本大学が掲げる「自主創造」の気風を重んじつつ、自ら求め、自ら探る「自求自探」力の育成に取り組んでいます。

「授業」「行事」「部活動」で生徒のチャレンジ精神が醸成される

東京都町田市に、15万㎡という東京屈指の広大な敷地を有する日本大学第三高等学校（以下、日大三）。日本大学特別付属校としての強みを活かしながら、他の難関大学へも多くの生徒を送り出しています。広々としたキャンパスを活用した部活動や毎月のように実施される様々な学校行事も大変盛んで、将来、自分が進む目標をじっくりと探すことのできる施設と環境が整っています。

「教育目標『明正強』の実現に向けて、『勉強』『行事』『部活動』を生徒が活躍できる場所として大切にしています。高校3年間、毎時間集中して授業に臨み、学校行事や委員会活動などの運営に積極的にかかわり、広々としたキャンパスで部活動に熱中することで、現在社会で求められる社会性や協調性が育まれ、自分の将来について主体的に考えるようになっていきます。そして、高い志を持った生徒は、そこに到達しようとするチャレンジ精神が醸成されていくのだと思います。これが、本校の伝統的校風であり、多くの生徒を送り出してきた私自身の確信でもあります」と校長の新井勇治先生は語ります。

主体的に物事に取り組む姿勢が求められるいま、生徒が自ら求め、自ら探る、「自求自探」力の育成にも力を入れています。明るい世の中をめざし、正しい考え方のも

Photo A 都内ベスト5に入る広大なキャンパス B 図書館にある150席以上の学習スペース C 職員室は出入り自由 D 300席ある食堂

写真提供：日本大学第三高等学校 ※写真は過年度のものを含みます。

と様々な問題に取り組むことができる、強い意志をもった「明正強」の人間形成をめざしています。

生徒によるICT有効活用「なんちゃってラジオ」

日大三では2018年度から、全生徒へのiPad配付や校内のWi-Fi環境整備といったICT教育のための準備が進んでいます。昨年、政府からの休業要請を受け、多くの学校がオンライン授業への取り組みに苦しむなか、日大三では、休業要請と同時に準備を始め、新学期の4月13日から全学年を対象に、ホームルームを含めた全科目で約2カ月間、実施しました。オンライン授業は保護者からも好評で、その後のアンケートでは、「規則的生活習慣が送れている：91％」「学習に積極的に取り組んでいる：94％」など良好な意見が多く寄せられていました。

また、授業だけでなく、委員会活動や部活動でもICTの活用が広がっていて、とくに生徒や教員の注目を浴びたのが、放送部が制作した15分間の「なんちゃってラジオ」です。みんなのためになにかできるのではないかと考えた放送部の生徒たちは、スクリプト制作から編集まですべてリモートで行い、「長期化する自粛期間、みんなに笑顔を！」という願いを込めて、このラジオ番組を制作しました。5月13日の第1回から全10回の放送があり、いまも日大三のホームページで聴くことができます。

進学実績の向上と「併願優遇」の復活

高1は、付属中学から進学してくる生徒とは混合せず、高校から入学する生徒のみのクラス編成とし、文理分けをする高2から混合クラスとなります。また、難関国公立大学や医科歯科系大学をめざす「特進クラス」が設置されており、入学試験の結果と本人の希望でクラス分けが行われます。

日本大学への内部推薦は、高3の9月までに4回実施される「基礎学力到達度テスト」と高校3年間の評定によって決まります。日大三では、ほとんどの生徒が内部推薦資格を得ていますが、毎年40％程度が日本大学へ進学し、50％以上の生徒は、他の難関大学へ進学しています。2021年度大学入試では、「特進クラス」の41名が、京都大学1名、東京工業大学1名、東京学芸大学1名、早慶上理23名合格というすばらしい実績を残しています。

「本校は、高1から高3まで、ほとんど同じ先生が持ち上がっていくので、先生を信頼して、授業、行事、部活動に積極的に、一生懸命に取り組むことで、必ず将来の目標が見えてきます」と新井校長先生。

面倒見のよさでも定評のある日大三。2022年度入試では「併願優遇制度」が復活するため、多くの受験生に注目されています。

スクールインフォメーション

所在地：東京都町田市図師町11-2375
アクセス：JR横浜線・小田急線「町田駅」バス、京王相模原線「多摩センター駅」バス、JR横浜線「淵野辺駅」バス
生徒数：男子717名、女子403名
TEL：042-789-5535
URL：https://www.nichidai3.ed.jp/

2021年3月 おもな合格実績

京都大	1名	早稲田大	7名
東京工業大	1名	慶應義塾大	4名
東京学芸大	1名	上智大	5名
東京都立大	1名	国際基督教大	1名
神奈川県立保健福祉大	1名	東京理科大	7名
埼玉医科大	1名	G-MARCH	73名

あの学校の魅力伝えます
スクペディア No. 50

佼成学園《こうせいがくえん》高等学校

東京都　杉並区　男子校

所在地：東京都杉並区和田2-6-29　生徒数：男子のみ741名　TEL：03-3381-7227　URL：https://www.kosei.ac.jp/boys/
アクセス：地下鉄丸ノ内線「方南町駅」徒歩5分、JR中央線・地下鉄東西線「中野駅」ほかバス

「行学二道」で育む21世紀型能力

「行学二道」を校訓とする佼成学園高等学校（以下、佼成学園）は、「行」＝体験による人格の向上と、「学」＝学問による知識の習得を両立させることをめざす男子校です。

国公立大学や、早慶上理・G-MARCHなど難関私立大学への合格者を数多く輩出する学校で、希望の進路別に3つのコースを用意しています。

まず「難関国公立コース」は国公立大学入試に特化したカリキュラムで、ハイレベルな授業や外部講師による講習を通して高い学力を養成します。続いて「文理コース」は様々な進路に対応する柔軟なカリキュラムを編成。習熟度別授業や希望講習で個々の進路実現をサポートします。2021年度新設の「グローバルコース」は海外大学進学も視野に入れて、国際的な視野や高い英語力を涵養するコースです。

各コース共通の取り組みとして、生徒が社会に出てからも活躍していけるよう、主体性を培うプログラムを展開しています。その代表的な取り組みといえるのが総合的な学習の時間内で実施する「探究プログラム」です。自らの望むキャリアを想定し、関連するテーマのなかで「課題の設定」「情報の収集」「整理・分析」「まとめ・表現」と研究を進め、論文を作成します。

また、難関大学に在籍する卒業生が個別指導を行うチューター制度や、土日祝日を含め毎日7時から20時まで開放される自習室の設置など、進路サポートも充実しています。

ICT機器の活用でさらに広がる学び

学習環境の面では、早期からICT教育に取り組んできたことも佼成学園の大きな特徴です。

全校生徒を対象に1人1台iPadを配付し、全教室に電子黒板・プロジェクターを設置。授業支援アプリ「ロイロノート・スクール」「Classi」やデジタル教科書を活用したアクティブラーニングを実施しています。さらに、英語の定期考査で生徒がiPadに録音した音声を教員がチェックするスピーキングテストを行うなど、全国的にも先進的な取り組みが始まっています。

こうした授業や様々なプログラムを通じて主体的、対話的な学びに取り組み、これからの社会で必要となる「21世紀型の能力」が育まれていくのです。

あの学校の魅力伝えます
スクペディア No. 51

関東国際《かんとうこくさい》高等学校

東京都　渋谷区　共学校

所在地：東京都渋谷区本町3-2-2　生徒数：男子418名、女子740名　TEL：03-3376-2244　URL：https://www.kantokokusai.ac.jp/
アクセス：都営大江戸線「西新宿五丁目駅」徒歩5分、京王新線「初台駅」徒歩8分、JR各線ほか「新宿駅」徒歩17分

世界につながる「ハイブリッド型教育」

特色ある教育プログラムにより、未来の国際人を育成する関東国際高等学校（以下、関東国際）。外国語教育と国際理解教育に力を入れ、外国語科に近隣国言語を学べる6つのコースを設置するなど、他校にはない独自教育が魅力の学校です。

関東国際では、「渋谷キャンパス」「勝浦キャンパス」「オンラインキャンパス」の3つのキャンパスを連携させた「ハイブリッド型教育」を新たに立ち上げました。教育活動の中心となるのは都心に位置する「渋谷キャンパス」ですが、千葉県の自然豊かな環境にある「勝浦キャンパス」では宿泊を伴う様々な体験学習を、「オンラインキャンパス」ではリアルタイムのオンライン授業や海外との交流を実施。3つのキャンパスの特性を活かして融合することで、どのような社会状況下であっても充実した教育を提供することをめざす取り組みです。

とくに現在のようにコロナ禍で人の行動が制限されるなかでは、「オンラインキャンパス」の存在は心強いものです。もちろん、独自のコミュニケーションツール「ごきげんようネット」を学習支援に活用したり、生徒全員にタブレット型ノートPCを貸与するなど、オンライン学習の環境は整っているので安心です。時代に即した教育を実践する関東国際の校風が表れた改革といえます。

世界を見据えた2学科9コース制

関東国際の特徴を語るうえで、多彩なコース制ははずせません。普通科と外国語科を設置し、普通科は生徒の進路希望により2年次から文系クラス・理系クラスに分かれる「文理コース」と、日本語を母語としない生徒のための「日本文化コース」を用意しています。外国語科は、「英語コース」のほか、6つの近隣諸国の言語（中国語、ロシア語、韓国語、タイ語、インドネシア語、ベトナム語）別にコースを設置しています。7・8時間目は進路に合わせた英検、小論文などの授業を行っており、学校推薦型選抜や総合型選抜での進学をめざします。海外大学をめざす生徒のための講習もあります。

そのほか、約22の国と地域の学校が国際交流活動を行う「世界教室プログラム」など、個性的な教育は多岐にわたります。関東国際では、世界を見据えた豊かな高校生活が待っています。

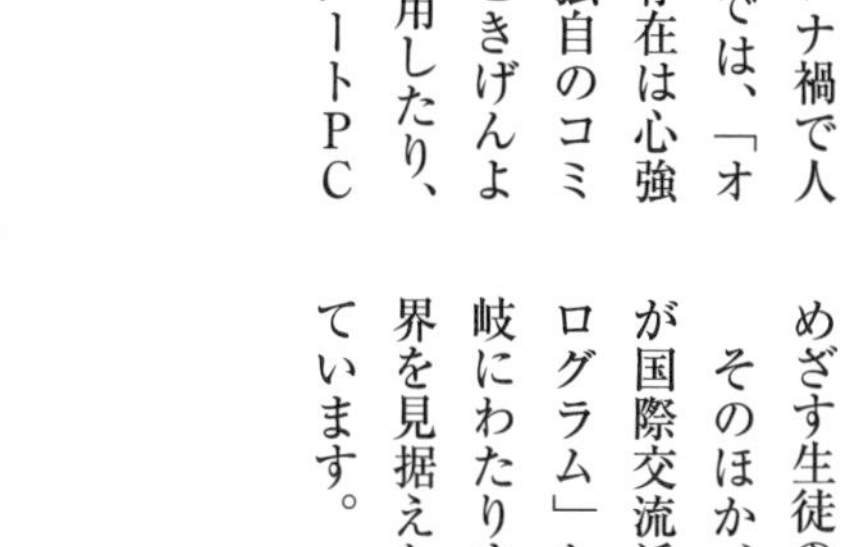

あの学校の魅力伝えます
スクペディア　No. 52

岩倉《いわくら》高等学校

東京都　台東区　共学校

所在地：東京都台東区上野7-8-8　生徒数：男子950名、女子307名　TEL：03-3841-3086　URL：https://www.tky-iwakura-h.ed.jp/
アクセス：JR各線「上野駅」徒歩1分、地下鉄銀座線・日比谷線「上野駅」徒歩3分、京成線「京成上野駅」徒歩6分

様々な問題に立ち向かえる人材を輩出

JR上野駅から徒歩1分という好立地にある岩倉高等学校（以下、岩倉）は、クラス別に希望進路をめざす普通科と、鉄道について専門的に学ぶ運輸科が設置された学校です。今回は普通科について紹介します。

普通科は来年度から、授業数を多く設定する「7限制」と、勉強と部活動を両立しやすい「6限制」に大別されるクラスを設置。「7限制」には、国公立大学や難関私立大学、海外大学などをめざす「国公立大・難関私大クラス」とG-MARCHなどへの進学を目標に掲げる「私大クラス（7限制）」、「6限制」には4年制大学現役合格に向けて学習する「L特クラス」、多彩な進路を選択できる「私大クラス（6限制）」があります。さらに高2からは文系・理系クラスに細分化されます。

放課後は部活動のほか、受験や就職の対策講座、大学生のチューターによる自学自習支援、希望者を対象とした「理数探究」「英会話」といった特別授業（土曜日開催）などが用意されています。

SDGsについて学習し将来についても考える

全クラスで週1回実施される「SDGsプログラム」は、生徒の興味を深め将来につなげる授業です。

今年度の高1では「SDGs×キャリア教育」をテーマに展開されており、様々な法人のSDGsに対する取り組みを学び、国際理解を深め、働くことについても考えます。5月には国際協力の仕事について、途上国で医療支援をするNPO法人チャイルドドクター・ジャパンの職員に話を聞きました。

また4月に、高2の有志の生徒がSDGsについて自身でできることを考え、キリンビバレッジ株式会社と共同でペットボトルのラベル回収キャンペーンを実施しました。

生徒の主体性は課外活動でも大切にされており、例えば体育祭と文化祭の企画・運営は実行委員会が中心となって行います。

昨年度はコロナ禍の影響で残念ながら体育祭は中止となりましたが、文化祭は実行委員会が教員と感染症対策について話しあいを重ね、来校者を制限する一方で、様々なオンラインの企画を同日に配信しました。

このように岩倉は、学校生活のなかで生徒が主体的に行動する姿勢を養い、様々な問題に立ち向かえる人材を輩出する学校です。

京華《けいか》高等学校

東京都　文京区　男子校

所在地：東京都文京区白山５-６-６　生徒数：男子のみ735名　TEL：03-3946-4451　URL：https://www.keika.ed.jp/
アクセス：都営三田線「白山駅」徒歩３分、地下鉄南北線「本駒込駅」徒歩８分、地下鉄千代田線「千駄木駅」徒歩18分

あらゆる角度から夢の実現を支える

2021年で創立124周年を迎えた歴史ある男子校、京華高等学校（以下、京華）。「ネバー・ダイ（不《ふ》撓《とう》不《ふ》屈《くつ》）」「ヤングジェントルマン（礼節・博愛）」の2つを校訓とし、生徒個々が持つ能力を見つけ出し、磨き上げる教育を行う学校です。

手厚いサポートで生徒の力を引き出す

京華では様々な分野で次代を担い、世界的に活躍する人材を育てるため、目標に合わせた次の3コースで生徒の学習を支えています。

東京大学をはじめとする最難関大学をめざす「S特進コース」、難関私立大学の合格を目標とする「特進コース」、有名私立大学への現役合格をめざす「進学コース」の3コースです。

各コースでは専用の問題で定期試験が行われるほか、学力に合わせた講習や夏期講習なども充実しています。高3では目標大学ごとに細かくレベル設定された「7限ゼミ」を全コース対象に開講。生徒の目標達成に向けて、きめ細かく指導していきます。

なお、高2進級時に成績と本人の希望によって文系・理系を選択するほか、コースを変更することも可能です。

こうした学習面でのサポートに限らず、魅力的な進路指導が展開されている点も京華の特徴の1つです。

高1で「社会人特別プログラム」を実施して実社会で活躍している方とのパネルディスカッションを行うなど、早い段階からキャリアについて意識させます。

さらに、卒業生の合格実績や合格体験記をまとめた進学資料を配付し、予備校講師の「進学説明会」やファイナンシャルプランナーによる「大学進学資金セミナー」などを開催。あらゆる角度から生徒の進路実現を支えます。

また、活気あふれるクラブ活動も魅力の1つとなっています。13の運動部、14の文化部からなり、都大会はもちろん、関東大会や全国大会に出場するクラブもあります。

多様な学習支援プログラムや進路指導、そして生徒が本気で取り組めるクラブ活動などを通してそれぞれの力を伸ばす京華。

学校に続く商店街が「京華通り」と名づけられるなど、地元にも愛され、長い伝統を育んできた魅力ある学校です。

受験生のための Q&A

入試で必要な５教科以外も、勉強しなければいけないのでしょうか？

この４月から、中学生になりました。中学生になると小学生のときと比べて勉強する分野が増えたし、難易度も上がったので、すべて頑張らなくてはいけないのは大変に思ってしまいます。入試で必要な５教科だけ頑張って勉強する形ではダメでしょうか？　（千葉県市川市・MO）

推薦入試で必要となる調査書は、９教科すべての成績で判断されます。

多くの私立高校の入試は「国語・数学・英語」の３教科で行われますし、公立・国立高校などは、これに「社会・理科」の２教科を加えた５教科での入試となるのが一般的です。そうしたことから、実技教科といわれる「音楽・美術・体育・技術家庭」は、そこまでしっかり勉強しなくてもいいのでは？　という疑問を抱いたのだと思います。

しかしながら、学校では９教科すべての授業が実施されています。入試には出ないからといって、軽視していいとは限りません。実技教科もそれぞれ「授業を通してこんな力を身につけてほしい」「こんなことを学んでほしい」という目的を持って行われています。そこで身につけた力は、みなさんが今後生きていくうえで、様々な場面で役立つものです。

それに、入試においても、実技教科の成績は重要視されます。確かに筆記試験は３教科もしくは５教科で行われますが、推薦入試などでは中学校の３年間で学んだ成果として、調査書（内申書）の成績を合否判断の材料の１つにするのです。

この調査書に記載される成績の基盤となるのは、学期ごとに渡される通知表に記載された評価です。一般的に通知表には各教科の評価が５段階で示されています。そうしたことから、やはり実技教科についても、中学校の定期試験でいい成績をマークしておくことは大切です。筆記試験として課されないからといって手を抜かず、適宜勉強しておくことをおすすめします。

自分に合った志望校を選ぶためのコツがあれば、教えてください。

色々な学校のホームページやパンフレットを見ていると、どの学校もよく見えてきて困ってしまいます。いったいどの学校を選べば、楽しい高校生活を送れるのか、わからなくなってきました。自分に合った高校を選ぶポイントがあれば知りたいです。 （東京都八王子市・KY）

自分が高校でなにをしたいのか、多様な観点で考えることから始めましょう。

高校受験において、最も大切なのは自分に合った学校を選ぶことでしょう。一度入学してしまうと、「思っていた学校と違う」ということがあっても、そこから学校を変更するのは現実問題として難しいからです。

様々な学校資料を見ていると、どの学校もよく見えるのは、だれもが経験していることだと思います。各校は受験者に学校の魅力を伝えようとそうした資料を作成しているので、ある意味では当然といえるかもしれません。

そこで、学校選びのポイントとしてお伝えしたいのは、他人の評価や評判を気にせず、自分自身の判断基準で学校を見ることです。どんな高校生活を送りたいか、高校で取り組みたい部活動はなにか、高校卒業後どんな道に進みたいのか……。自分にとってその学校が条件を満たしているかを様々な視点から考えてみましょう。そして、28ページからの特集で紹介しているように、できる限り学校説明会に参加して、自分の目で各校の様子を確認しましょう。

なお、いくら自分に合っていると思えても、入試を突破できなければ入学できないのですから、「いまの自分の成績で合格できるか」ということも気になるところでしょう。ただ、どうしても入学したいであれば、合格できるレベルまで努力すればいいのです。

本当に行きたい学校が見つかれば、合格のために努力を重ねることも苦にならないはずです。また、その努力は将来、必ず大きな成果となって自分の財産になります。

保護者のための Q&A

運動部を引退したあとの娘が、スムーズに受験勉強にシフトできるか心配です。

中３の娘が、もうすぐ部活動を引退します。これまで運動部として週に５日間練習に励んでいて、いわば部活動中心の生活を送っていたので、引退してからうまく受験モードに切り替えられるか心配しています。気をつけることがあれば知っておきたいです。　（神奈川県相模原市・KW）

空いた時間で塾を活用するのがおすすめ。部活動で養った体力などもアドバンテージに。

まず、これまで熱心に部活動に取り組んできたお子さんであれば、家庭での勉強時間に制約があったはずです。今後はその時間を勉強にあてることができますから、時間的にゆとりが出るのは大きなポイントです。その時間を勉強に向けようと固く決意して、努力を重ねていけるかどうかがカギとなるでしょう。

そして、ご心配の「受験モードへの切り替え」については、塾を活用することが有効です。塾の学習カリキュラムはまさに受験を意識したものとなっていますから、それを学習の柱として勉強していくことで、自然と受験モードへ移行することができるはずです。

さらに、これまで部活動を熱心に続けてきたということは、ハードな受験勉強にも耐えられる体力をつけてきたということです。これは受験において大きなアドバンテージとなります。また、１つのことを継続する力も、部活動を通して養われてきたことでしょう。受験では自信を持つことも大切ですから、お子さんが自信を持てるよう、部活動で培った体力や継続力が受験でも武器になると伝えてあげてください。

受験モードへの切り替えは、決して難しいことではありません。部活動を一生懸命にやってきたということは、勉強にも必ずプラスに作用します。これは多くの先輩たちが実際に経験してきたことであり、引退まで部活動を続け、そのあと受験勉強に励んで第１志望校に合格した人はたくさんいます。お子さんもあとに続けるよう、ご検討をお祈りしています。

なかなか勉強をしない息子にヤキモキして、つい「勉強しなさい」と注意してしまいます。

中１の息子についての相談です。中学生になったというのに、遊んでばかりいる子どもを見ていると、つい「勉強しなさい」と言ってしまいます。それが逆効果となり、反発する一方で悩んでいます。自然に机に向かわせるにはどうしたらいいのでしょうか。

（千葉県千葉市・GS）

親子だからこそ反発してしまうことも。塾に任せてみるのも１つの手です。

中１の場合、なかなか自発的に勉強しようとするお子さんは少ないかもしれません。高校受験がまだまだ先のことで、あまり現実味が感じられない部分もあるからです。

とはいっても「勉強しなさい」と注意したくなってしまう親心もよく理解できます。お子さんの成長を願うからこそのアドバイスであり、激励なのですが、お子さんからすると、どうしてもそれに反発してしまいがちのようです。もう中学生なのですから、単に遊びたい盛りというのではなく、「勉強しなければならない」ということは十分に理解しているはずです。ただ、その実践に移ることができずにいるだけだと思います。

こうした状況を打開する方法としては、学習を体系的にサポートし、適切なアドバイスをしてくれる塾に任せてみるのも１つです。塾では「いつ、なにを、どのように」といった、具体的な内容を示しつつ、勉強の方向性を明らかにしながら指導をしてくれます。また、親には反発しても、塾の先生には素直になって勉強に取り組む生徒もいるので、その点でも試してみる価値はあるでしょう。

塾に慣れるのに多少時間がかかることもありますが、次第にコツのようなものを体得し、自発的な学習習慣がついてくることが多いようです。保護者の方は、そうしたお子さんを側面から支え、励ましていってあげてほしいと思います。焦ることなく、じっくりと成長を見守っていきましょう。

杉《すぎ》並《なみ》学《がく》院《いん》高等学校

東京　共学校

問題

右の図のようにAB＝5cm，BC＝8cm，AC＝7cmである△ABCに，円Oが内接している．辺BC，AC，ABと円Oが接する点をそれぞれD，E，Fとする．また，△ABCの面積は$10\sqrt{3}$ cm^{2}である．

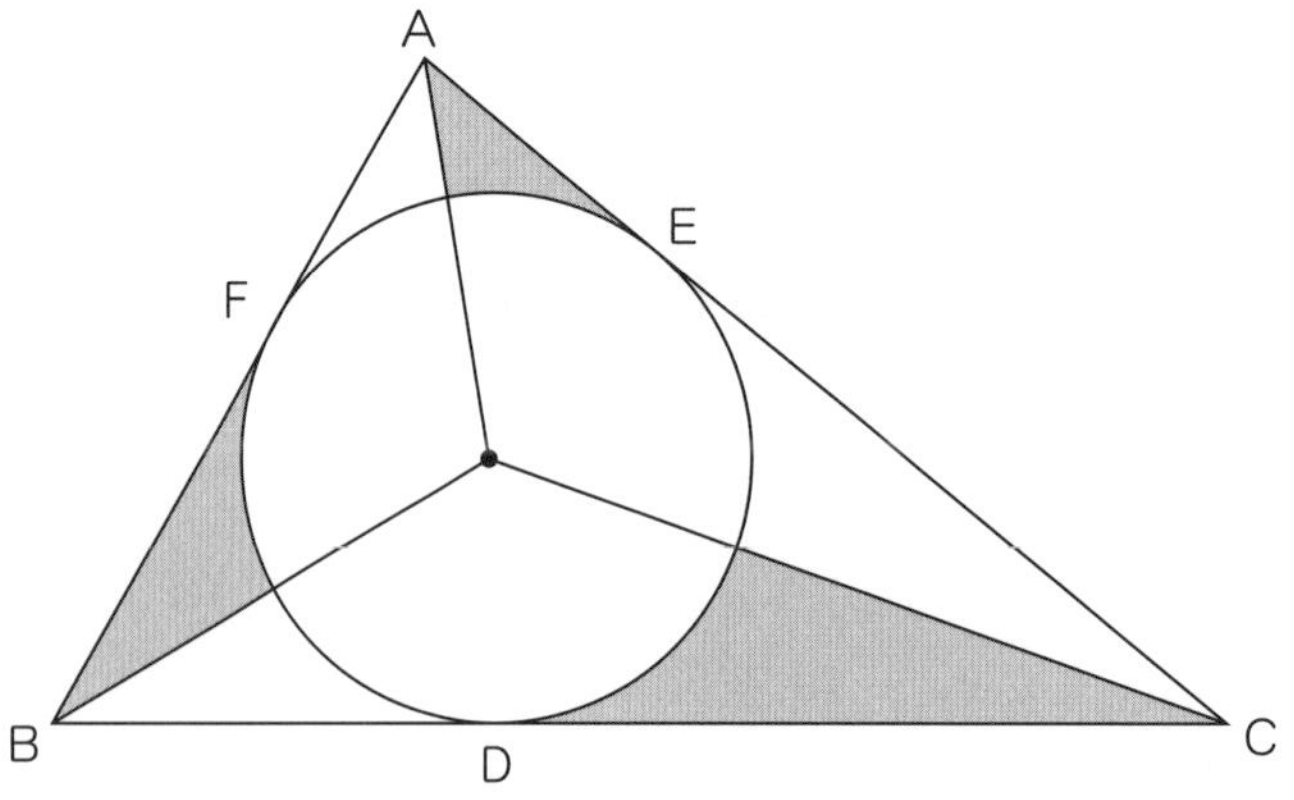

（1）AE＝[ア]cm

（2）▨部の面積は $\dfrac{[イウ]\sqrt{[エ]}-[オ]\pi}{[カ]}$ cm^{2}である．

解答（1）[ア]：2　（2）[イウ]：10　[エ]：3　[オ]：3　[カ]：2

●東京都杉並区阿佐谷南2-30-17
●JR中央線・総武線「高円寺駅」「阿佐ケ谷駅」徒歩8分
●03-3316-3311
●https://suginami.ed.jp/

【学校見学会】要予約
7月31日（土）8月28日（土）
両日とも14：30～

【入試説明会】要予約
10月23日（土）10月30日（土）
11月13日（土）11月27日（土）
12月 4日（土）
すべて14：30～

レッツトライ！ 入試問題

淑《しゅく》徳《とく》巣《す》鴨《がも》高等学校

東京　共学校

問題

半径 r の球をある平面 P で切ったとき，切り口が直径８の円になった。球の中心 O から切り口の中心までの距離は $\frac{1}{3}r$ であるとき，次の ア ～ テ に当てはまる数字，記号をマークしなさい。

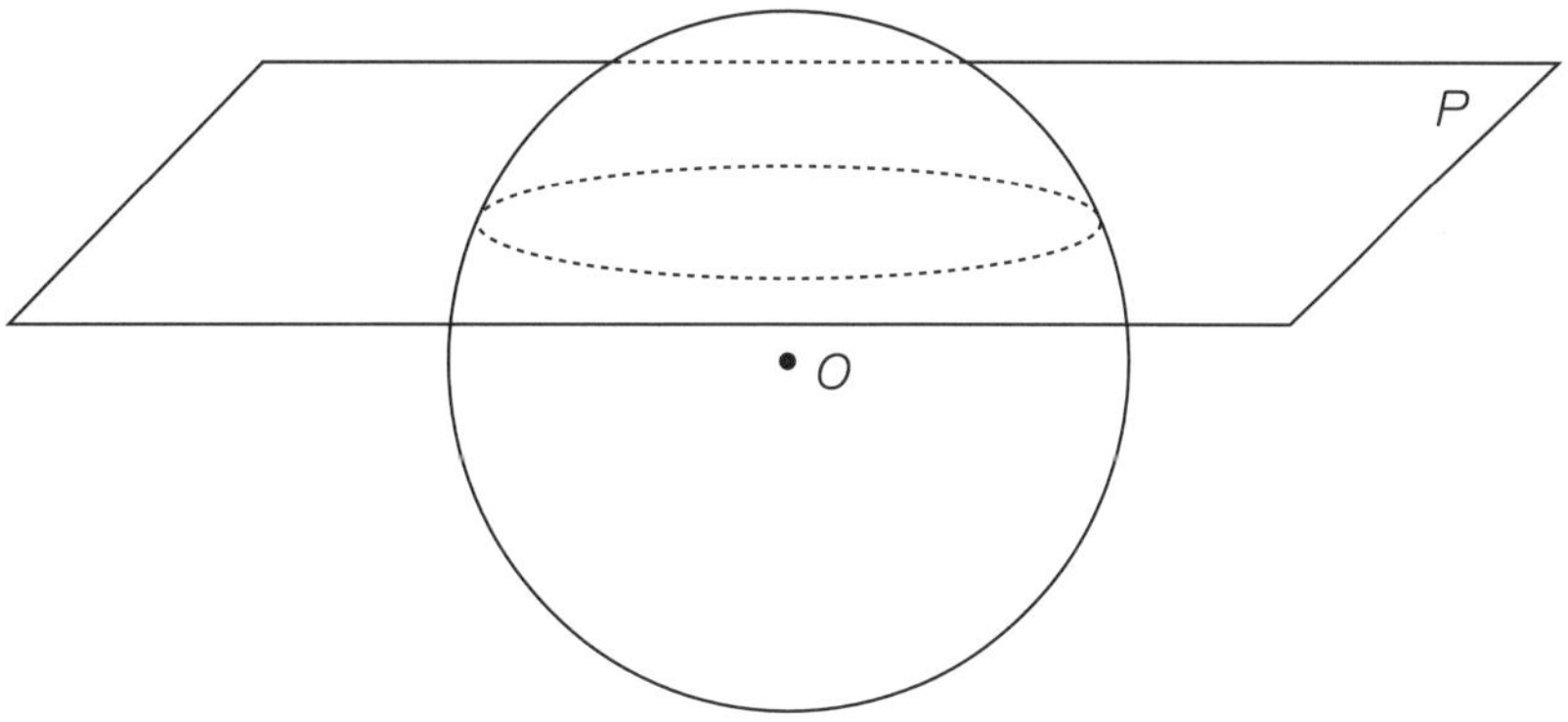

（1）球の半径は ア $\sqrt{イ}$ である。

（2）球の体積は ウエ $\sqrt{オ}$ π である。

（3）切り口を底面とし，O を頂点とする立体の体積は $\frac{カキ\sqrt{ク}}{ケ}$ π である。

（4）（3）の立体の表面積は（ コサ ＋ シス $\sqrt{セ}$ ）π である。

（5）球を平面で切ってできた２つの立体のうち，小さい方の表面積は24π であった。このとき，大きい方から（3）の立体を除いた立体の表面積は（ ソタ ＋ チツ $\sqrt{テ}$ ）π である。

解答　（1）ア：3　イ：2　（2）ウエ：72　オ：2　（3）カキ：16　ク：2　ケ：3　（4）コサ：16　シス：12　セ：2
（5）ソタ：64　チツ：12　テ：2

●東京都豊島区西巣鴨2-22-16
●都営三田線「西巣鴨駅」徒歩3分、都電荒川線「庚申塚」徒歩4分、JR埼京線「板橋駅」徒歩10分、東武東上線「北池袋駅」徒歩15分
●03-3918-6451
●https://www.shukusu.ed.jp/

【学校説明会】要予約
9月 4日（土）　10月 9日（土）
10月29日（金）　11月13日（土）

【個別相談会】要予約
10月23日（土）　11月 6日（土）
11月27日（土）　12月 4日（土）
12月25日（土）

東京都 ● 共学校

青山《あおやま》学《がく》院《いん》高等部

１９５０年に共学の高等部として開設され、２０２０年には創立70周年を迎えた青山学院高等部。キリスト教信仰に基づくスクールモットー「地の塩、世の光」を掲げ、世界の平和に貢献できる人物の育成を目指しています。今回は、高等部部長の渡辺健先生にお話を伺いました。

生徒それぞれに居場所のある学校生活

青山学院高等部では、１９７７年から帰国生を受け入れています。「英語の青山」として知られる本校ですが、近年は、英語圏から帰国した生徒ばかりでなく、世界各地の日本人学校出身の生徒も増えています。

入学後は中等部からの内部進学者、推薦入試、一般入試の合格者と同じクラスで一緒に学びます。帰国生は、「出る杭は打たれる」という日本的な発想ではなく、自分がよいと思うことを主張できる場合が多く、周囲に影響を与えてくれます。

一方、長く海外で生活していたというような生徒は、初めはなかなか日本の学校生活に慣れない場合もありますが、国際交流委員の教員が「アドバイザー」となって、学校生活や学習の相談に応じています。

生徒の間にもお互いを尊重し、受け入れる土壌があるので、マイペースな生徒にもそれぞれ居場所がある学校だと思います。

自分の興味関心に合わせた選択授業と多様な進路

学習カリキュラムにおいては、選択科目が多いのが本校の特色の一つです。

特に英語では、国際問題をディスカッションする授業、メディアを専門に取り扱う授業、映画のアフレコ制作に取り組む授業、詩、短編、戯曲などの英文学を専門に学ぶ授業などの選択科目があります。

その他、ほぼ全教科にわたり選択科目が用意されていますので、得意なことや興味あることを見つけ、伸ばしていくことができます。

高大連携の一環として、青山学院大学の教員が講義をする「学問入門講座」や大学の一部授業を履修できる制度もあり、進学時の学部選びに役立っています。

毎年、高等部を卒業する生徒の約85％は青山学院大学へ進学します。その他、青山学院大学にない医学部や歯学部、芸術系学部のある大学や、他の国公立大学や私立大学を受験する生徒が約15％います。

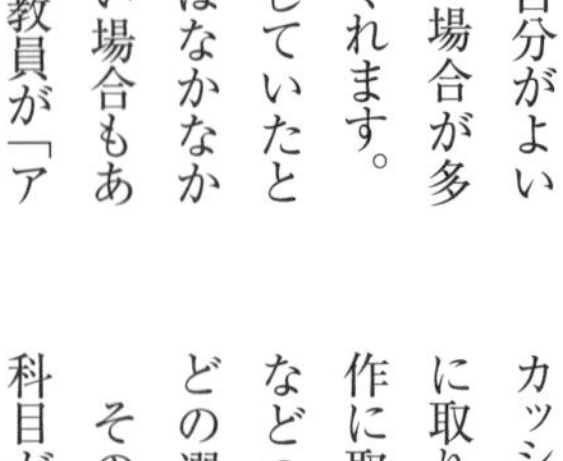

ウッドデッキを配した明るい中庭

青山学院の根幹をなす キリスト教教育

本校の究極的な目標は「世界平和を実現する人」を育てることです。そのために自分の賜物をどのように生かすべきかを考えて、他者と共に生きる社会を築いていく人を育てたいと考えています。

中でも、キリスト教教育は青山学院の教育の根幹をなすものです。毎日の礼拝や毎週の授業で触れる聖書の内容や価値観は、これからのグローバルな世界で生きる上でのバックボーンとなるでしょう。

また、クリスチャンコミュニティーのつながりから、世界で活躍するアスリートやアーティストをお招きしてメッセージをいただくこともあります。

これまでにラグビーサモアチームの選手やオリンピックメダリスト、K-POPの作曲家などが直接生徒にメッセージを語ってくれました。

国際交流プログラムでは、「価値観の多様性の共有」を目指し、2週間程度の短期交換留学の制度やカナダホームステイプログラムを設けています。また、個人的に年間15名から20名程度の生徒が長期留学に出ています。

フェアトレードを研究する生徒自主学習団体の発案で始まった「東ティモールスタディーツアー」では東ティモールのコーヒー生産農家を訪問します。

高等部部長
渡辺《わたなべ》 健《けん》 先生

海外経験によって育まれる強さと思いやり

私自身、アメリカで生活し、息子と娘を現地校に通わせていた経験があり、海外生活でのストレスや帰国後の逆カルチャーショック、親としての心配も分かります。

しかし、海外経験のある生徒は、多少のことでは動じない強さや、自分がマイノリティーとなった経験によって育まれた思いやりを持っていると感じています。

毎年、海外から4名ほど長期留学生を受け入れていますが、真っ先に彼らの面倒を見てくれるのが帰国生です。

現在海外で生活している人は、現地でしかできない経験をたくさんしてきてほしいと思います。その経験がこれからの人生に大きな影響を与えるはずです。

青山学院高等部では、グローバルな視点を持っている人を歓迎します。本校の取り組みに関する情報はオンラインでも提供していきますので、ぜひチェックしてみてください。

スクールインフォメーション

所在地：東京都渋谷区渋谷4-4-25
アクセス：JR山手線ほか「渋谷駅」宮益坂方面出口より徒歩12分
TEL：03-3409-3880
URL：http://www.agh.aoyama.ed.jp/

2021年4月　青山学院大学進学実績

文学部…45名／教育人間科学部…34名／経済学部…29名／法学部…24名／経営学部…85名／国際政治経済学部…60名／総合文化政策学部…47名／理工学部…12名／社会情報学部…4名／地球社会共生学部…3名／コミュニティ人間科学部…1名
〈おもな他大学合格実績〉
東京大 1名／早稲田大 13名／慶應義塾大 20名／上智大 7名

早稲田アカデミー国際部から

帰国生入試のスケジュール

首都圏の入試は、1月の千葉県の入試解禁を皮切りに、2月中旬から3月初旬の都県立入試まで断続的に続きます。

帰国生の場合には、11月の帰国生入試からスタートする場合が多いので、さらに長期戦となります。そして、その分、受験戦略が非常に重要です。

通常は第一志望校、実力相応校、そして安全校・事前合格校合わせて6～7校ほどに出願します。バランスよく受験校を選び、自分に合った受験戦略を考えていきましょう。

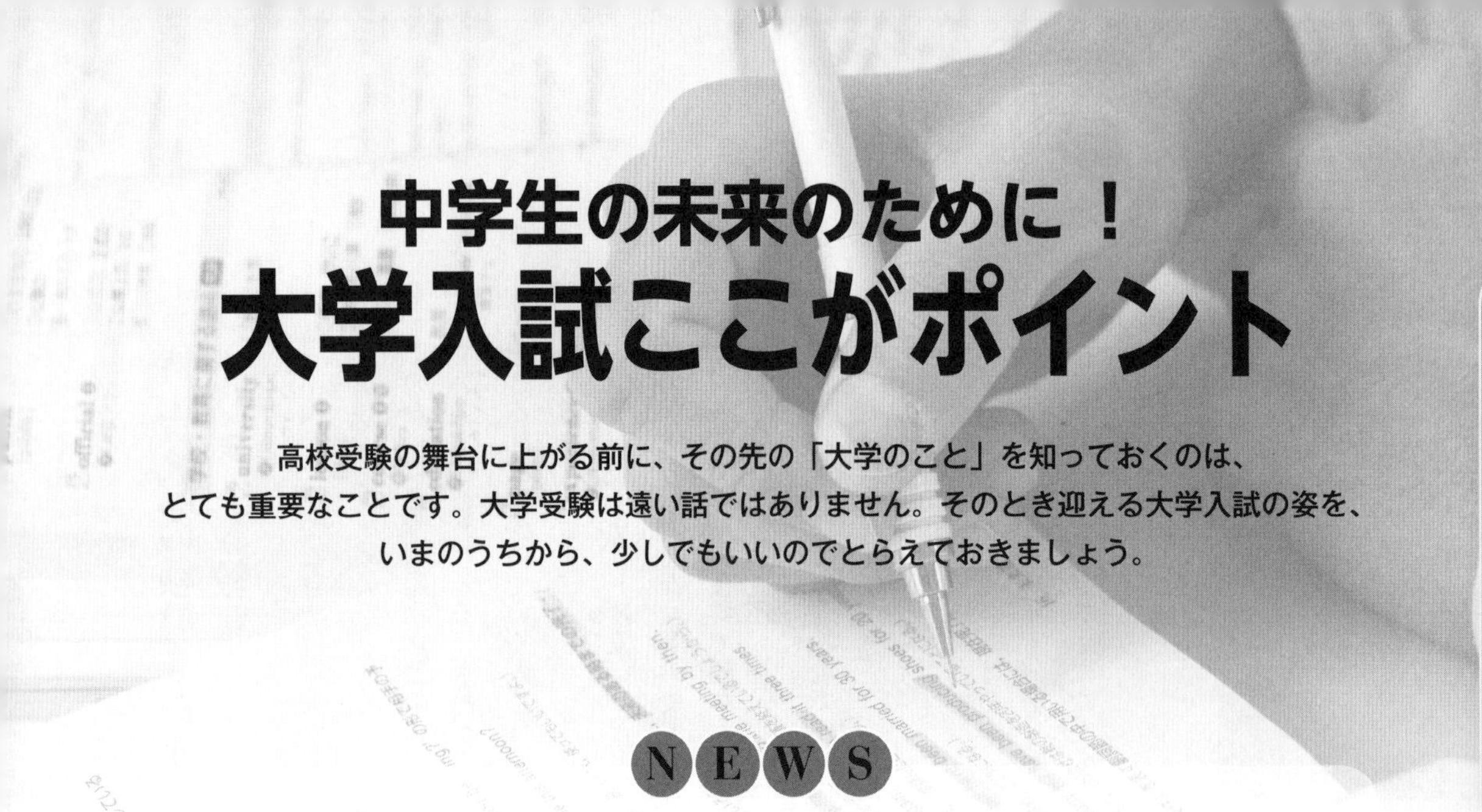

中学生の未来のために！
大学入試ここがポイント

高校受験の舞台に上がる前に、その先の「大学のこと」を知っておくのは、
とても重要なことです。大学受験は遠い話ではありません。そのとき迎える大学入試の姿を、
いまのうちから、少しでもいいのでとらえておきましょう。

NEWS

2025年度入試で再編 現中3生の大学入試から

学習指導要領が改められるのを機に、来春2022年度から高校での学びが変わります。

このほど来年4月の新1年生が学ぶ教科書も公表されました（35ページ『明日へのトビラ』参照）。

これを受けて、その1年生（現中学3年生）が受験することになる2024年度実施の「2025年度大学入試」も様々に変化します。その刷新案を見てみましょう。

まず、めだつのは大学入学共通テスト（以下、共通テスト）での出題教科・科目の再編です。

今回の刷新案をまとめた大学入試センターは、すでに各教科のサンプル問題を公表していますが、教科「情報」を新設するほか、現行の6教科30科目を7教科21科目へと整理し再編します。

めざされていたコンピューターによる出題・解答する方式（CBT）の導入は見送られました。

なお、次ページで詳報していますが、懸案となっていた英語民間検定試験の活用と、記述式問題の出題も導入断念の見通しとなっています。

共通テストは「情報」新設など7教科

共通テストでの出題教科・科目の見直しは、新学習指導要領と連動しているもので、高校で必修となる「情報Ⅰ」から出題する「情報」が新設されるほか、地理歴史と公民では現行の10科目から6科目に整えられます。

この見直しで姿を消すのは「簿記・会計」と「情報関係基礎」です。そのほか「数学Ⅱ」のみでの出題がなくなります。

サンプル問題を見ると、いずれも会話文や資料を読み込ませる出題など、思考力、判断力を試す問題が多く、今冬の共通テストで見られた変化と重なっています。

2025年からの共通テスト おもな出題教科・科目

地理歴史	歴史総合、世界史探究
	歴史総合、日本史探究
	地理総合、地理探究
地理歴史・公民	地理総合、歴史総合、公共
公民	公共、倫理
	公共、政治・経済
数学	数学Ⅰ
	数学Ⅰ、数学A
	数学Ⅱ、数学B、数学C
情報	情報

※国語、外国語は現行通り、理科は基礎科目を１つにまとめた。（大学入試センター資料を基に本誌作成）

大学入試センターは、昨秋、素案を示して高校、大学の関係団体から意見を聞き、刷新案にまとめました。正式には文部科学省（以下、文科省）が今夏、決定します。

英語民間検定の活用と記述式導入は断念へ

文科省の「大学入試のあり方に関する検討会議」は6月22日、2025年以降の共通テストでの英語民間検定試験の活用と、記述式問題の導入につき「実現は困難」とする提言案を示しました。

この2点については、本来は昨冬の第1回共通テストでの採用が模索されていましたが、実施1年2カ月前の2019年11月、12月に相次いで延期されていたものです。いずれも採点の際に公平性が担保されるかに疑問が生じ、時期尚早との判断でした。

延期決定を受けて、学習指導要領が改められての受験となる2025年度（2025年1月実施）大学入学者の選抜で、改善した形ででも実施するかが同検討会議に諮《はか》られていました。

提言案では、英語民間検定試験の活用について、英語の民間資格・検定試験のスコアを一元的に管理、活用する仕組みを検討した結果、「それぞれの試験によって会場数、受検料、実施回数や、障害のある受験者への配慮が異なる」等をあげ、これらの課題を短期間で克服することは容易ではないと指摘しています。

コロナ禍で資格・検定試験の中止や延期が生じたことにも触れ、「共通テスト本体並みの公平性等が期待されるなかにあって、実現は困難」と結論づけています。

記述式問題の取り扱いについては、一定の意義は認めたものの、50万人以上が同一日・同一時間帯に受験し、短期間でその成績を各大学に提供するためには、採点者の確保、採点精度、採点結果と自己採点との不一致等の課題について「克服は容易ではなく、その実現は困難」としました。

一方、総合的な英語力評価や記述式問題が果たす重要性は認め、各大学の個別試験での充実が必要との考えを示しています。

いずれにしろ、「導入困難」とした同検討会議の提言案を文科省が受け入れることは間違いないとみられます。

東大入試突破への現代文の習慣

東大入試を突破するためには特別な学習が必要？　そんなことはありません。身近な言葉を正しく理解し、その言葉をきっかけに考えを深めていくことが大切です。田中先生が、少しオトナの四字熟語・言い回しをわかりやすく解説します。

早稲田アカデミー教務企画顧問
田中としかね

東京大学文学部卒業
東京大学大学院人文科学研究科修士課程修了
専攻：教育社会学
著書に『中学入試 日本の歴史』『東大脳さんすうドリル』など多数。文京区議会議員として、文教委員長・議会運営委員長・建設委員長を歴任。

田中先生の「今月のひと言」

何もしていないように見えても、何かと闘っているのが中学生です！

今月のオトナの言い回し

良かれと思って

「勝手に片付けないで！」「いつまでも出しっぱなしにしているからでしょ！」お母様が業を煮やしてお子さんの机周りを掃除したところ、感謝されるどころか逆に怒りを買ってしまった、というパターンですね。いつの時代も親子の間で繰り返されてきた争いではないでしょうか。思春期を迎えた子どもと、ついつい子ども扱いをしてしまう親との間で、起こるべくして起きた衝突だと思います。「起こるべくして」といえる理由はなんでしょうか。「自分とは何か？」というアイデンティティを考え始めた中学生が、「自分の領域」を大切にしようとするのは当然のことだと思います。そこにいわば「土足で踏み込んでくる」親に対して、反抗してしまうのも無理はないと考えられるわけです。お父様、お母様だって思春期を経験してきているのですから、「一線を画してほしい」というお子さんの気持ちは十分理解できるはずですよね。にもかかわらず、我慢ができなくて干渉してしまう……そんなときの言い訳として登場するのが、「良かれと思って」という今回取り上げた言い回しなのです。

「相手に対する親切心から、何らかの行動を起こしたさま」を意味する言い回しです。ところが、ここで取り上げた親子のバトルのように、「相手の利益にならない、または相手が利益だとは感じない行動であった」という結果になることが多いのです。相手を怒らせてしまい、「善意でやったことだから」と釈明に使われるという場合も多々あります。

さて、次のようなケースを皆さんはどう思うでしょうか？　学年のまとめテストが実施されることになり、その準備をしている生徒がいました。しかし出題の範囲が広くて、何から手をつけていいのかわからないという状態だったのです。そのため先生から具体的なアドバイスを受けました。「これまでの一年間で受けてきたテスト問題の見直し」という指示です。それを聞いたお母様が、準備を手伝ってくれました。お母様がお子さん、つまりその生徒に差し出したのは「間違えた問題を全てコピーして並べたもの」です。いわば「自分専用の間違い直し問題集」を手作りで用意してくれたのです。これで準備ＯＫ！と、喜んでその「問題集」に取りかかるかと思いきや、

生徒の受けとめ方はまるで違っていました。「何の嫌がらせで、コピーまでしてきたの！」というものだったのです。生徒にしてみれば「自分の間違い」を、わざわざ全部見せつけられたかのようで「うんざりした」というのです。お母様は、もちろん嫌みのためにコピーしたわけではありません。やり直しがしやすいように手はずを整えたというだけの話です。まさに「良かれと思って」やったことなのです。ことほどさように、親子の思いは「かみ合わない」ものなのですが、長年、生徒と保護者の方の双方と関わりを持ってきた私の立場からすると、それぞれに対して語りかけるべき内容が見えてきます。

まずは生徒に対して。「やらなければいけないこと」を目の当たりにして、気が滅入ったというのを、人のせいにしてはいけませんよ。落ち着きましょう。課題を目の前にして、「全部やらなくてはダメだ！」と思い込んでしまうのも、良し悪しですからね。「やった分だけ復習が確実にできる」という発想で、「小分けにして」進めていきましょう。

次にお母様に対して。何もせず手をこまねいているだけのわが子を、見るに見かねて「こうすれば解決するでしょう！」と、具体策を提示したのですよね。でもそこに「どうしてできないの！」という批判めいた気持ちはなかったでしょうか？　さらには「あなたのために、ここまでエネルギーと時間を割いているのよ！」という、押し付けがましい気持ちはなかったでしょうか？　言い過ぎているかもしれませんが、お母様が「こうあるべき」だと思い描いているお子さんの姿と違っているからといって、腹を立ててはいけませんよ。

生徒の皆さんは「勝手な押し付けはやめてほしい！」という思いが強いでしょうが、保護者の方の思いの根本は「子どもにとって良かれ」という気持ちだということは、わかってほしいと思います。その思いまでは否定しないであげてくださいね。改善すべき行動はどんどん指摘してください。そして保護者の方は、お子さんは「何もしていない」のではなくて「どうすればいいのか考えていた」のだと理解してあげてください。中学生は常に何かと闘っているのです（笑）。復習の仕方一つとってみても、「初めて遭遇する困難な課題」と向き合っていると考えてあげてくださいね。どうやって解決すればいいのか？　思い悩み、その答えを「自分で発見」してこそ、成長していくものなのですから。

今月のオトナの四字熟語

悪戦苦闘

「中学生は常に何かと闘っている」というお話をしました。そのイメージは、私に今回取り上げた四字熟語を思い浮かべさせます。「悪戦苦闘」ですね。「困難な状況の中で、苦しみながら努力すること」を意味します。「悪戦」という熟語の意味は「不利な状況での厳しい戦い」になります。「苦闘」という熟語は「苦しみながらも必死に戦うこと」を意味します。もとは「強敵に死にものぐるいで戦いを挑むこと」という限定的な意味だったのですが、そこから転じて「苦しみながらも一心に努力して立ち向かう」というポジティブな意味として使われるようにもなりました。「悪い」だの「苦しい」だの、漢字からはネガティブな印象を受ける四字熟語ですが、その意味合いは前向きで、「悪戦苦闘の末に勝利を収める」というストーリーが描けますよね。

ところで、「善戦健闘」という四字熟語をご存知でしょうか?「悪」に対して「善」を、「苦」に対して「健」を、それぞれの位置で漢字を置き換えてできる四字熟語になります。漢字から受ける印象は「善い」に「健やか」ですので、よほど好印象です。熟語に分けて考えてみても「善戦」は、「力を尽くして戦ったさま」を意味しますし、「健闘」は、「持っている力を出し切って立派に戦うこと」を意味します。ところが、その戦いの結果についていえば「敗北した」というケースが多いのです。「負けはしたが善戦健闘をたたえる」という用法になってしまいます。中学生にふさわしいのは、やはり「悪戦苦闘」だと、私は思います。

自分が中学生であったころのことを思い返してみても「悪戦苦闘」していたように思うからです。何者でもない自分に苛立ちながら、それでも、何者にでもなれると夢想しつつ、精神の激しいアップダウンを繰り返して日々を過ごしていました。「悪戦苦闘」は、困難な状況の中で努力するという意味から「初めての挑戦」に対してもよく使われます。何が正解であるのかはもちろん、まず何をすべきであるのかもわからない状態で、それでも前に進まなくてはならないときに、悩みながらも何とか解決しようと奮闘すること。中学生は「人生における初めての挑戦」が目白押しという時期だと思います。だからこそ「悪戦苦闘」には意味があるのです。かけがえのない価値がある、といってもいいかもしれません。「何もしていない」状態に見えたとしても、心のなかで「悩み抜いている」のです。その姿を、これから続く長い成長のなかでの「一場面」だと見守ることが、保護者や中学生を担当する教師の使命だと私は考えています。中学生は誰しも「価値のある苦闘をしている存在」なのだと思います!

その研究が未来を拓く

研究室にズームイン

東京大学大学院 総合文化研究科
広域科学専攻 生命環境科学系
岡ノ谷《おかのや》一夫《かずお》 教授

動物の鳴き声と「心」を探る研究

中学生のみなさんにはあまりなじみがないかもしれませんが、日本には数多くの研究所・研究室があり、そこではみなさんの知的好奇心を刺激するような様々な研究が行われています。このコーナーではそんな研究所・研究室での取り組みや施設の様子を紹介していきます。今回は動物の音声を分析することで「心」を探るというユニークな研究を行っている東京大学・岡ノ谷一夫教授です。

一部写真提供 岡ノ谷一夫教授

岡ノ谷《おかのや》 一夫《かずお》

慶應義塾大学文学部卒業、アメリカ・メリーランド大学大学院博士課程修了、千葉大学文学部助教授、理化学研究所研究員などを経て、2010年より現職。研究成果をわかりやすく伝えるために、講演会の開催や書籍の出版なども積極的に行う。

研究者への扉を開いた心を知りたいという思い

「うちのイヌはいまなにを考えながら鳴いているんだろう?」自宅でペットを飼っているみなさんは、こんなことを考えたことはありませんか? ペットを飼っていないみなさんも、動物園などで動物を目にしたとき、同じように思ったことがあるのではないでしょうか。

今回ご紹介する東京大学の岡ノ谷一夫教授は、動物が音声によるコミュニケーションをとっているときの行動や脳活動を分析して、動物の「心」を推測する研究を行っています。自身も幼いころから生きものが好きで、虫捕りをしたり、色々な動物を飼ったりするなかで、彼らがなにを考え、なにを感じているのかを不思議に思っていたそう。

中学生になると、北海道に動物王国を作った動物研究家の畑正憲さん（通称・ムツゴロウさん）の本をいくつも読むようになり、畑さんのように動物に囲まれて暮らしたいという思いを募らせていきます。

「とはいえ家業を継がなければならなかったので、そうした生活をするのは難しいことはわかっていました。ですから仕事をしつつ、動物の本を読んだり、動物を飼ったり、せめて動物を身近に感じながら生活しようと考えていました」（岡ノ谷教授）

そんななか、浪人時代に転機が訪れます。現役合格がかなわず、予備校に通うために栃木から上京してきた岡ノ谷教授。地元に比べて種類が豊富だった東京の書店で、「動物行動学」を専門とする日高敏隆さんの本と出会います。

日高さんの本を読んだことで、初めて動物の行動を研究する分野があることを知り、動物にかかわる研究をしたいという気持ちが強くなったそう。「親からは家業に役立つ工学部か経営学部への進学をすすめられていたのですが、自分の気持ちを正

ラットの学習実験

①レバーがついた特殊な装置にラットを入れ、2回音を鳴らして、1回目に聞いた音が2回目に聞いた音よりも長ければ右、短ければ左のレバーを押すように訓練する。

②正解ならばエサをあげ、不正解ならば30秒間実験を停止する。（エサがほしいラットは停止期間をいやがる）

③音の長さを1回目と2回目で近づける。（ラットは音の聞き分けが難しくなり、正解しづらくなる）

④中央にキャンセルレバーを導入。聞き分けが難しいと感じたらこのレバーを押せばその回の問題はキャンセルされ、待ち時間なく次の問題にチャレンジできる。

→ラットは自分でレバーを押し、キャンセルするようになる＝自分が正解できるかどうかを客観的に判断する力があるのか? という実験を行っています。

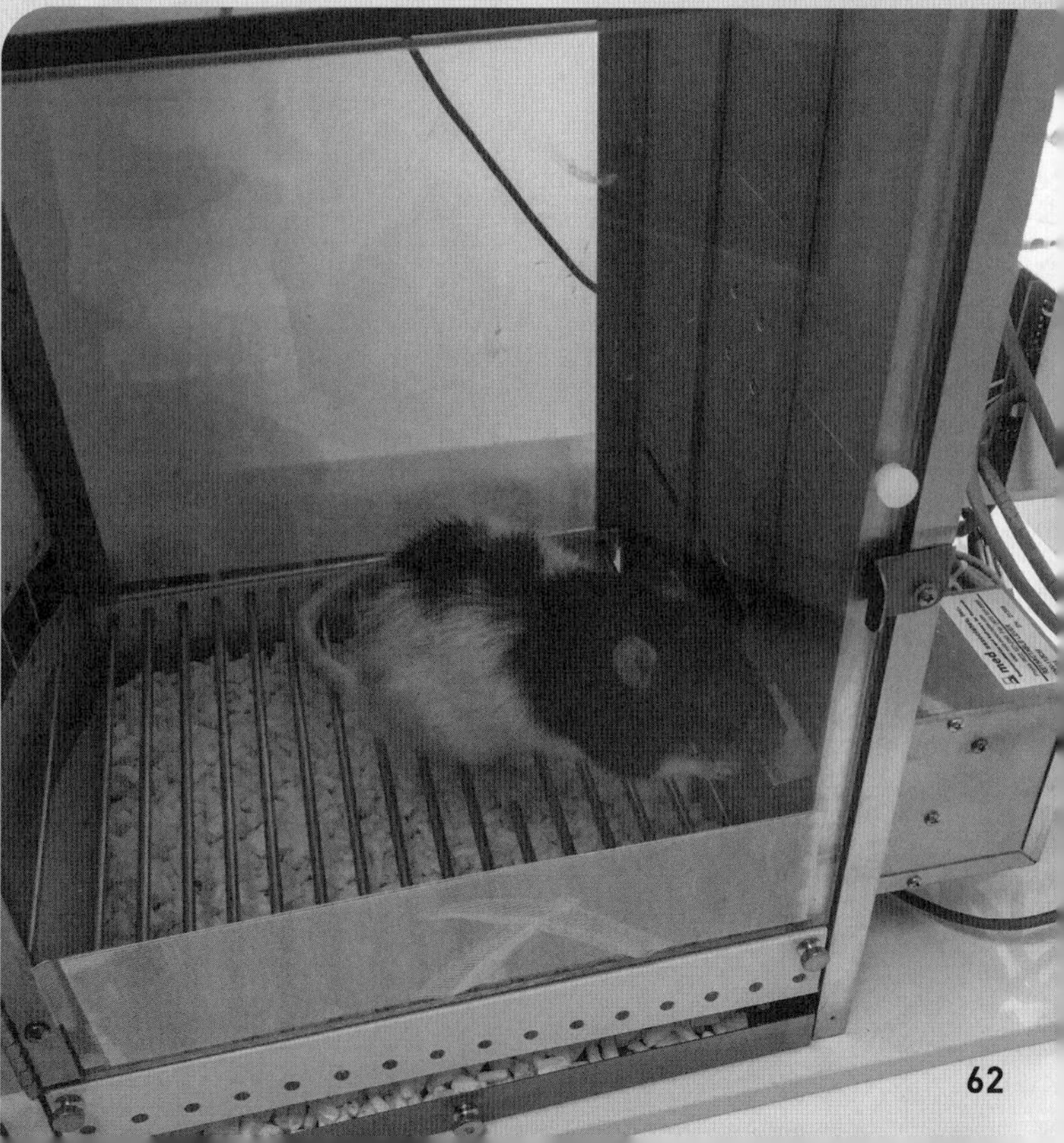

ネズミの一種であるラットやマウスを用いて、動物の心に迫る研究を行っています。

直に話して、慶應義塾大学文学部心理学科へ進学することを許可してもらいました」と話します。

　大学進学後、すぐさま動物の心の研究を始めたのかと思いきや、当時の日本では、動物の心に関する研究は行われていなかったのだといいます。それどころか、動物の研究は「動物の心を問わない」という前提で進められていました。

日本にはなかった分野を自分で開拓していった

　そのころの日本では、心のように科学で証明できないものは、研究対象にしないことがほとんどでした。人間は自分に心があることを知っているので、他人にも心があると無意識のうちに思い込んでいます。でも実際、他人に心が本当にあるのか、その心がどうなっているのかを目で見て判断することはできません。

　そのため動物の研究でも、目に見えるもの（行動）に着目する「行動主義心理学」が主流でした。行動主義心理学の考えは、様々な行動はある刺激を受けたことによる反応が現れているというもの。つまり動物が、どういう心の動きでどのように行動しているのかは、研究の対象ではなかったのです。

「他方で、慶應義塾大学には人間を対象に、『認知科学』の研究を行っている教授がいました。当時のこの学問は、人間をコンピューターになぞらえて、心が行っている情報処理をコンピューターの構成要素の機能として理解しようとする学問でした。私は認知科学を動物にも応用して、動物の心の機能を探っていこうと考えたのですが、前述の通り、日本では動物の行動を対象とするばかりで心を対象とする研究は進められていませんでした。そして国内の大学院の試験に不合格だったこともあり、アメリカに渡ることにしました。

　動物の心を研究するにあたって、『動物に心があるか』（ドナルド・R・グリフィン著）という本にはとても勇気づけられました。日本でまだだれもやっていなかった動物の心の研究をしてもいいんだと、背中を押してもらったようなものです。こうした研究は昔からあったものではないので、色々な本や人から受けた影響をもとに、様々な勉強をしながら、自分自身で開拓してきた分野だと感じています」（岡ノ谷教授）

ラットの感情は周波数でわかる!?

　幼少期から抱く興味を、研究として確立させた岡ノ谷教授。ではいったいどんな研究を行っているのか、具体的にみていきましょう。おもに研究対象としているのは、ネズミ（ラットなど）や小鳥（ブンチョウ、ジュウシマツなど）の鳴き声です。

　まずはラットに関する研究についてです。ラットを対象とする理由を伺うと「小さいネズミが好きで、幼いころからハムスターを何匹か飼っていました。いまは自宅で小学生の我が子といっしょにスナネズミを飼っています。といってもスナネズミの世話はほぼ私がしていますが（笑）」とにこやかに話す岡ノ谷教授。かつてはハダカデバネズミやデグーといった種類のネズミの研究もしていたものの、現在はラットに絞って様々な研究を行っています。

　さて、ラットをはじめとするネズミの鳴き声というと、みなさんは「チューチュー」という音をイメージすると思いますが、岡ノ谷教授によると、じつは人間には聞こえない超音波を発してコミュニケーションをとっているのだといいます。

　しかも悲しいと20キロヘルツ（1秒に1000回空気が振動すること。以下、kHz）、嬉しいと50kHzというように、感情によってその周波数は変わるのだとか。なぜ悲しい・

ハダカデバネズミやデグーなど、様々な種類のネズミを研究対象としていた岡ノ谷教授。

嬉しいがわかるのかというと、「例えばケンカで負けたラットは20ｋＨｚの音を出し、いつも世話をしているラットをくすぐると50ｋＨｚの音を出します。人間もケンカで負けると悔しいですし、友だち同士でじゃれあうと楽しいですよね。このようにラットが様々な行動をするときにどんな声を出しているかを分析すると、そのとき感じていることを推測できるんです」と岡ノ谷教授。

また、ラットが出す20ｋＨｚや50ｋＨｚの音は、人間が出す泣き声や笑い声に相当すると考えられています。みなさんは、だれかの泣き声を聞いたらなんだか悲しい気持ちになり、笑い声を聞いたらなぜか楽しい気持ちになったことがありませんか。

あらかじめ録音しておいたラットの超音波をスピーカーから流し、別のラットに聴かせると、50ｋＨｚの場合はスピーカーに近づいていくのに、20ｋＨｚの場合は近づかずにその場で動かなくなったのだといいます。こうした研究からラットも人間と同じように、鳴き声が心に影響をおよぼしていることがわかります。

小鳥の鳴き声には 2つの種類がある

続いて、小鳥の鳴き声に関する研究についてです。この研究を始めたきっかけについては、以下のように説明されます。

「私自身、音楽を聴いたり、楽器を演奏したりすることを楽しいと感じていたこと、そしてだれかを好きになるときに声が重要な要因だったことから、声は心に通じていると仮定しました。声の研究をしているうちに心にたどりつけるのではないかと、まずは動物の聴覚の研究をしようと考えたんです。

しかし、ラットの超音波は人間には聞こえませんから、人間に聞こえる声で鳴く動物として小鳥の研究を始めました」（岡ノ谷教授）

小鳥の鳴き声には「地鳴き」と「さえずり」という2種類があり、オスもメスも、子どもも大人も、すべての小鳥が日常的に使うのが地鳴きです。地鳴きの声は親から教わらなくても生まれつき備わっているもので、「敵がくるから危ない」（警告）、「そこをどけ」（威嚇）、「エサがほしい」（食事をねだる）など、それぞれの音に応じた意味を持っています。人間でいえば、泣き声や叫び声、笑い声に相当します。

一方、さえずりの目的は、なわばり防衛と求愛の2つに限られるため、多くの場合、大人のオスしか鳴きません。そしてさえずりは、父親から息子へ受け継がれるもので、息子は父親のさえずりを聴くことで、

オス（左）とメス（右）を比べると、オスの方が頬が鮮やかなオレンジ色をしており、身体にも模様があります。

さえずりを学んでいきます。

「つまり、人間と小鳥は、どちらも親からコミュニケーションするための『言葉のようなもの』を学ぶという共通点があります。このような『発声学習』をする動物は、ハチドリ目、スズメ目、オウム目に属する小鳥と、クジラやイルカなどの鯨類しかおらず貴重なのです。

小鳥がどのようにさえずりを学ぶのか、そのときの脳の働きや学習の仕組みを調べることで、人間が言葉を学ぶ仕組みも解明できるのではないかという期待を持っています」（岡ノ谷教授）

「テナガザルは類人猿の一種です。発声学習はしませんが、生まれつきいくつかの音声を出すことができて、それらを状況に応じて色々に組みあわせて歌います。求愛のとき、ほかの群れにあいさつするとき、自己主張のときなどで異なる歌い方をします。そうした点で、霊長類のなかでも人間の言葉に似た要素を持っているといえます」（岡ノ谷教授）

意外と多い 人間と小鳥の共通点

人間と小鳥に共通点があるという話を読んで、驚いた人もいるのではないでしょうか。人間と似ている動物としてチンパンジーをイメージした人も多かったはずです。

岡ノ谷教授は「人間とチンパンジーは遺伝子の構造が似ているだけで、行動自体はほとんど似ておらず、霊長類のなかで発声学習をするのは人間だけです。結局動物は遺伝子の配列が似ているかどうかより、進化してきた自然環境や社会の構成が似ている方が行動面での類似点が多くなります」と話されます。

コミュニケーションをするための言語を親から学ぶという点以外の類似点として、人間も小鳥も一夫一妻制であることがあげられます。これまた驚くことに、一夫一妻制の哺乳類はほとんどおらず、95％は一夫多妻制なのだといいます。

両者が一夫一妻制なのは、赤ちゃんがよく泣き（鳴き）、世話を親がこまめにする必要があるからなのだそう。この習性も、成長してから言語を学ぶことに関係しているのではないかと、小鳥の鳴き声に関する研究が進められています。

まず人間の赤ちゃんはみなさんご存じの通りよく泣くので、親がつきっきりで世話をしなければなりません。「霊長類で赤ちゃんのころにあれだけ泣くのは人間だけです。ほかの霊長類は体毛があるため赤ちゃんが親にしがみつくことができますが、人間はそうもいきませんから、泣き声で親になにかを伝えようとしているのです」と岡ノ谷教授。

それは小鳥も同じです。鳥のなかには、ニワトリ（ヒヨコ）のように、生まれた直後から自分の足で立ってエサを探しにいくことができる鳥もいます。反対に、ブンチョウやジュウシマツといった小鳥のように、生まれてからしばらくはエサを自分で確保することはおろか、立つことができないものもいます。

彼らはエサがほしいと地鳴きをしますが、その声が敵に聞こえてしまうと危険が迫るため、親は子どもが鳴かないように、手厚く世話をする必要があります。

「そのためメスは、きちんと子育てに協力してくれるオスを選びたいわけです。先ほど紹介したように、さえずりには求愛の目的もあるので、オスはメスにさえずりで愛を伝え、メスはオスのさえずりを聞いて、どのオスと結婚するかを決めます。

研究の結果、オスは父親から学んださえずりをフレーズで区切り、自分でアレンジしていることがわかりました。さえずりは歌のようなものなので、より複雑な歌を歌った方が、健康で、頭がよく、余力があることの証明になるのです。このように、メスがオスをさえずりによって選ぶ過程についても研究を行っています」（岡ノ谷教授）

知れば知るほどおもしろい さえずりに関する知識

話を聞くほどに、その奥の深さが明らかになっていく小鳥のさえず

オス（右）からメス（左）へ求愛の歌をうたっている（さえずりをしている）ジュウシマツ

り。同じ小鳥でもブンチョウのように、メスのすぐそばでさえずり、さらなるアピールとしてダンスまで踊る（!）ものがいれば、ウグイスのように、メスからは見えない位置でどこかにメスがいることを期待してさえずるものもいます。

こうした特徴の違いは、さえずりの学習の仕方にも影響しています。

例えば、録音した音声からさえずりを学ぶかというと、ウグイスは学ぶのに、ブンチョウやジュウシマツはあまり学ばないという研究結果が出ています。

「ただし、ブンチョウとジュウシマツが本当の親からしかさえずりを学ばないかというとそうでもありません。雛を入れ替えると、それぞれ育ての親（ブンチョウはジュウシマツ、ジュウシマツはブンチョウ）のさえずりを学びました。きちんと世話をしてくれた親から学ぶという習性があることはわかったので、今度は彼らがなにをもって『きちんと世話をしてくれた』と感じるのか、そこを調べているところです。

また、私の研究室に在籍する研究員が、父親がさえずる際、子の方を向くか向かないかで子の脳内に分泌されるドーパミンの量が異なることを明らかにしました。前者の方が分泌量が多かったのです。この結果は、父親がそっぽを向いて歌っているときよりも、きちんと子どもの方を向いているときの方が、学習効率がよくなるということを意味しています」（岡ノ谷教授）

音声を学ぶといえば、みなさんはインコが人間の言葉を真似しているのを見たことがありませんか。あれは幼いころから人間がインコを育てることで、「インコが自分を人間だと思っている」もしくは「人間を自分の親だと思っているから」なのだといいます。

学問を組みあわせて世界的にも珍しい研究を

ところで、我々でもさえずりと地鳴きを見分けることができるのかを尋ねると、「基本的に小鳥のさえずりは様々な音がつながって出てくるので長く続きますが、地鳴きは1音のみなので短い」そうですが、例外もあります。

例えば街路樹にいるムクドリがよく「ギャーギャー」と鳴いているのは、地鳴きを繰り返して長く鳴いているだけで、さえずりではありません。そして、我々にもなじみ深いウグイスの「ホーホケキョ」は短くてもさえずりなのだとか。よく耳を澄ませると、「ホケキョ」のリズムや順番や音階が、それぞれで異なっています。

なお、見通しのいい土地で進化した鳥は、さえずりの美しさを磨きつつ羽の色も鮮やかになり、藪のなかで進化した鳥は、さえずりの美しさのみを磨いていきます。こうした動物の行動や進化に関する分野を「行動生態学」といいます。一方、鳥がさえずりを学ぶときに、脳でどんなことが起きているかなどを調べるのが「神経行動学」という学問です。

「この両方にかかわる研究を行っているのが私の研究の特徴です。2つの分野を扱うのは大変ですから、日本、まして世界でもこれらを並行して研究している人はほとんどいません。世界的にもユニークな研究をしているという自負があります。

なぜ大変なのに2つの分野の研究を続けているのかというと、私は世界でだれもやっていない研究をしたいと思っているからです。すでにだれかが始めていることを少しだけ変えて研究するのではなく、自分がイチから始めた研究で、なにか新しいことを発見したいのです」と岡ノ谷教授は話されます。

そのために教授はまず、対象にする動物をよく観察したり、場合によっては家で飼ったりと、とにかく目につくようにして、つねに研究の種を探すようにしています。

「おもしろそう」その直感を大切に

「多くの方は論文から研究の種を見つけてくるのですが、私は様々な業務に追われてなかなか論文をじっくり読む時間がとれません。それを逆手にとって、なにか気になる研究をしている方がいればその方から直接話を聞くなど、できるだけ人や動物と直接会うようにしています。そして、その出会いを通じて感じた『おもしろそう』という直感を大切にして研究に着手します」（岡ノ谷教授）

研究室で日々学生と接する際も、直感を活かして様々なアドバイスを行うという岡ノ谷教授。その直感が間違っていたら申し訳なく思う一方で、アドバイスを活かして研究を楽しんでくれる様子をみると、とても嬉しくなるのだそう。さらに研究者をめざす学生が出てくると、その喜びもひとしおだといいます。

そこで今回の記事を読んでこういった動物の研究に興味を持った中学生に対してアドバイスをお願いしたところ、「まずはたくさん本を読むことと、たくさん動物を見ることをおすすめします。あとはおうちの方と相談しつつ、好きな動物とともに暮らすのもいいですね。また、もし自分がネズミだったら、小鳥だったらどう感じるかなど、動物の気持ちを想像すると、なにか研究の種が見つかるかもしれません」という助言をいただきました。

動物の心を研究することで人間の心も解き明かしたい

また、読者全体に向けてのメッセージとして以下のような言葉を贈ってくださいました。

「東京大学の教授というと、さぞかし昔から成績がよかったのかと思われますが、じつはそこまで成績がいい方ではありませんでした。ですからアメリカにいたころ、ある先生に言われた『たとえIQ（知能指数）がそれほど高くなくても、情熱があれば研究はできる』という言葉にとても励まされました。

みなさんも、もしあまり成績が振るわない科目があったとしても、自分がおもしろいと思えるものがあれば大丈夫です。それを突き詰めることが将来につながるかもしれません。反対に興味が持てるものがない人は、いま得意な分野をどんどん伸ばしていってほしいです」

動物の心を知りたいという思いを胸に、新たな分野を切り拓いてきた岡ノ谷教授。最後に、今後の展望を伺いました。

「私は動物が好きで、彼らの心が知りたいと思って研究をしていますが、行き着くのはやはり『人間が好き』ということです。そのため、動物の心の研究と、人間の心の研究をうまく連携させて、ゆくゆくはどうして自分の心が自分に宿っているのか、心とはなんなのだろうか、ということを解明したいと考えています」

岡ノ谷研究室の同窓会にて

これからも行動や進化の過程を調べる「行動生態学」と、神経の働きや脳の活動を調べる「神経行動学」の両方に力を入れていきたいです。

東京大学　岡ノ谷研究室

所在地：東京都目黒区駒場 3-8-1 東京大学駒場キャンパス
URL：https://marler.c.u-tokyo.ac.jp/home/

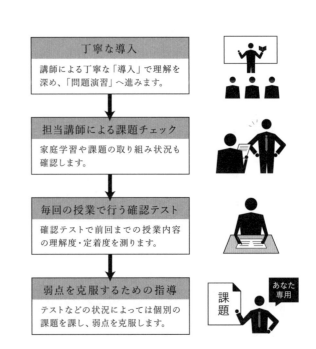

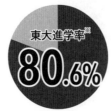

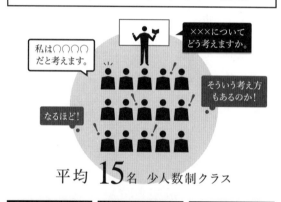

こちら東大
はろくま情報局

いつもと違う景色がそこに!?
はろくま的街歩きのススメ

もうすぐ夏休みがやってきますね。とはいっても今年も昨年に続きコロナ禍ということもあり、遠くへ遊びにいくのは難しいですよね。そんな今年の夏休みは、感染対策や熱中症対策をしっかりしつつ、身近な場所で街歩きをしてみるのはどうでしょうか。

今回は私が都市工学科で勉強している「まちづくり」に関する知識も活かして、みなさんが1人でも街歩きを楽しめるように、私なりの楽しみ方をご紹介します。

まず着目してほしいのは、読者のみなさんが住んでいる場所が、どんな地域か、ということです。住宅街とひと口にいっても、1軒1軒の戸建てが多い地域、マンションやアパートなどの集合住宅が多い地域、お店などの商業施設や工場などの工業施設と住宅が混在している地域など、色々な種類があります。

建物は建てるときの高さにもたくさんの決まりがあって、3階くらいまでの低い建物しか建てられない地域もあれば、逆にタワーマンションやビルなど、とても高い建物が建てられる地域もあります。そして、建物だけではなく、道路に植える植物や、掲示する広告などにもそれぞれの街でガイドライン（指針）を設けていることもあるんです。興味を持った人は、保護者の方に住んでいる街のルールを聞いてみたり、自分で調べてみたりすると、街の見え方が変わるかもしれません。

街の雰囲気は人と密接にかかわる

次に、街歩きをするときの新しい目線として、街にいる「人」に着目することをおすすめします。どこかの街に行ったとき、「わくわくする」と感じたり、「なんとなく居心地が悪い」と感じたことはありませんか?

その理由の1つは、街にいる「人」の存在だと私は思っています。高級ブランドが並ぶようなおしゃれな街には、そういうお店が好きそうなおしゃれで大人っぽい人たちが集まります。一方で、子どもが公園で遊ぶ声が聞こえたり、アイスを食べながら歩いている中高生がいたりと、子どもや学生が多くいる街もあります。

このように、街の雰囲気はそこにあるお店や建物だけではなく、訪れる人によっても変わり、それが居心地のよさ・悪さにもつながっていくと考えています。そのため、「まちづくり」をするときは、どんな人にどんなふうに過ごしてほしいかを、よく考えることがとても大切です。みなさんも街歩きをするとき、そこにいる人がどんなことをしているかに注目すると、その街をもっとよく知ることができると思いますよ。

ちなみに、私が好きなのは東京都江東区の清澄白河という街です。歴史ある商店街や工場のなかに、アーティストのアトリエやリノベーション（※）されたおしゃれな

※既存の建物に大規模な改修工事を行い、新たな価値や機能を付与すること。

私の周りの東大生

北海道を舞台に 地域を盛り上げる事業に励む

工学部都市工学科都市計画コース４年Ｋさん

今回紹介するのは、学生ながら仲間とともに北海道の道北地域を盛り上げるために会社を設立したＫさんです。人口減少や高齢化の進む地域で役場の地域おこしプロジェクトと協力して、地元住民に配布するポスター、のぼり、ステッカーといったグッズの作成や、廃業する駅のお別れイベントの企画・運営などを行ったそう。役場からの依頼で、システム開発にもかかわるなど、現在は様々な方面から地域おこしを行う「なんでも屋」のような形で事業を実施しています。

この会社は、一部メンバーが高校生のときに企画・運営に携わった北海道でのイベントをきっかけに立ち上げられたそうです。ほとんどのメンバーが北海道以外の地域に住んでいること、そして大学でまちづくりについて学んでいるのはＫさんだけで、そのほか情報や土木、報道、哲学、美術、音楽など本当に様々な知識を持った学生が集まっているのが特徴です。そのため、地域おこしをするなかでも、地元以外の人だから気づくことや多様な専門分野からの幅広い観点を取り入れながら進めることができているといいます。

Ｋさんの会社がイベントで作成したグッズ㊧、真冬の北海道とＫさん㊨

中高時代の経験がいまに活きている

さて、Ｋさんは中高生のとき、部活動に加えて行事実行委員、生徒会にも参加し、多忙な日々を送っていました。そこではチームをサポートする役割につくことが多く、様々な意見を聞きながら、企画を円滑に進めるために試行錯誤を重ねていたといいます。まちづくりは地域住民や役場職員、そのほか色々な方の意見をうまく取り入れることが求められるため、中高時代に培った経験を活かしているようです。

現在は北海道で、自分たちで空き家を改装して、会社のメンバーとルームシェアをしているＫさん。仕事をしながら大学のオンライン講義を受け、研究も進めているため多忙なようですが、とても楽しそうな様子が伝わってきました。昔から興味のあることはなんでも取り組み、忙しい日々を過ごしてきたＫさんの話を聞いて、私もなにか新しいことにチャレンジしてみたい、と刺激を受けました。

はろくま
東大理科一類から工学部都市工学科都市計画コースへ進学した東大女子。趣味はピアノ演奏とラジオの深夜放送を聴くこと。

カフェなどがうまく溶け込んでいて、街全体で色々な雰囲気が感じられる、とても居心地のいい場所になっています。情勢が落ち着いたら、ぜひみなさんにも遊びにいってもらいたいです！

今回は私なりの街歩きや街の見方について少しだけご紹介しました。もちろん街歩きの楽しみ方は人それぞれなので、みなさんが自分なりの街の楽しみ方を見つけて、街について少しでも考えてくれたら嬉しいです。そして東大工学部都市工学科をめざしてくれたらよりいっそう嬉しいです！

キャンパスデイズ 十人十色

お茶の水女子大学

文教育学部
人間社会科学科 2年生

宍戸《ししど》　希鈴《きりん》さん

Q お茶の水女子大学文教育学部・人間社会科学科を選んだ理由を教えてください。

教育に興味があったので、そうした学部がある国立大学で、自宅から通えるところを探しました。一般的に、教育系の学部がある大学では、教員免許を取得して学校の先生になる人を育てていることが多いんです。でも私は教員になりたいわけではなく、教育に関する様々な知識や理論について学んでみたかったので、教員に限らず社会で広く教育学を活かせる人材の育成をめざしているお茶の水女子大学の文教育学部人間社会科学科を選びました。

いくつかあるコースのなかでも、私は「子ども学コース」に所属しています。これは、保育・幼児教育を含めて、子どもにかかわる制度や社会問題について広く学習するコースです。現在はコロナ禍で中止されていますが、大学附属の保育園や幼稚園で子どもたちの様子を実際に見学したり、フィールドワークができたりするのも特徴です。

様々な制約を受けつつも幅広くチャレンジ

Q 大学ではどんなことを学んでいますか？

1～2年生では教育学の基礎を中心に学んでいきます。教育の歴史や制度、日本と海外の教育の比較などがおもな内容です。3年生以降は専攻に分かれて演習を重ねていきます。希望者は教員免許の取得をめざすことも可能で、その場合は実習にも行く必要があります。

私は今後、幼少期の家庭環境や子ども向けの絵本、映像作品などがその後の成長にどんな影響を与えるのか、といったことを研究していきたいと考えています。

教員以外もめざせる文教育学部
多様な分野を自由に学べる

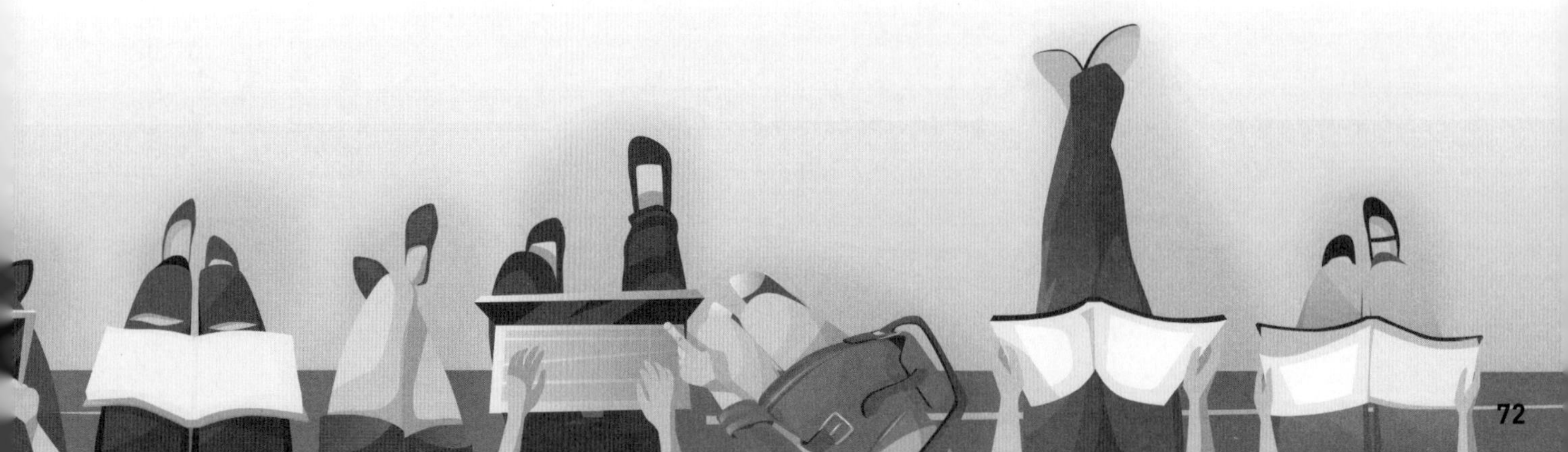

Q 印象に残っている講義はありますか？

大学が設定している「リベラルアーツ」という文理融合型の教育プログラムがあり、そのなかの「ことばと世界」という分野から「手話学」の講義を受けました。手話学について専門の方から話を聞いただけでなく、実際に手を動かして学んだため印象に残っています。

また、お茶の水女子大学では自分が専攻している分野を主プログラムとして学びつつ、ほかの学部学科の講義を副プログラムとして受けられる制度があるので、それを利用していくつか興味のあるものを受講しています。

なかでも最近受けたのは、いわゆる「ネット用語」に関する講義です。インターネット上でよく使用される略語を学んだり、「LINE」でのコミュニケーションが書き言葉と話し言葉のどちらに属するのかを話しあったりしました。

副プログラムは数や分野に制限がなく、様々な学部学科の講義を受けられるので、興味の幅が広がっておもしろいです。ほかにも舞踊学科の「表現行動論」という講義でアジアのダンスについて知るなど、子ども学以外の分野にも積極的にチャレンジしています。

Q コロナ禍での入学となって、どんな影響がありましたか？

座学の講義は基本的にすべてオンラインでの実施になりました。入学後から現在まででキャンパスに行ったのは2回ほどです。

オンライン講義はグループディスカッションなどに取り組みにくいというデメリットがありますが、チャットで教授に質問ができる、動画配信ならあとから見返せるというメリットもあります。

また、サークル活動も緊急事態宣言中は禁止されているので、大学での友だちが作りにくいと感じています。ただ、お茶の水女子大学には向上心が高い人が多く、TOEICやTOEFLなどの検定試験に向けて努力していたり、ファッション雑誌の編集部でアシスタントとしてアルバイトをしていたりと、様々な分野でチャレンジしている人の話を聞くと「自分も頑張らないと」といい刺激を受けます。

Q 読者のみなさんにメッセージをお願いします。

中学や高校では、偏差値の高い高校、大学に合格することが第一の目標とされがちですが、自分のやりたいことに挑戦して、後悔のないように過ごすことが大切だと思います。

学校での生活にとらわれ過ぎず、色々なことに取り組んでいってほしいですね。

TOPICS

机上の学びを超えて 世界の文化を知った中高時代

中高では何度か海外研修に参加しており、とくにタイの山岳民族・カレン族のもとで過ごしたことは強く印象に残っています。

水道や電気などのインフラ（社会基盤）が整備されておらず、日が暮れるとろうそくを焚きながら眠りにつき、ニワトリの鳴き声で目覚める、といった生活を体験しました。また、その地域では食材の1つであるコオロギを食べたのも思い出に残っています。

多文化共生、多様性については日本でも学んでいましたが、その地を訪れて、実際に口にすることでより理解が深まったと感じましたし、固定観念を持たずに考えることができるようになったと思います。

イギリスへの短期留学で、コッツウォルズを訪れた際の写真。「絵本のような景観が素敵でした」と宍戸さん

タイのフィールドワークでは現地の幼稚園も訪問し、いっしょに折り紙をするなど子どもたちと交流しました

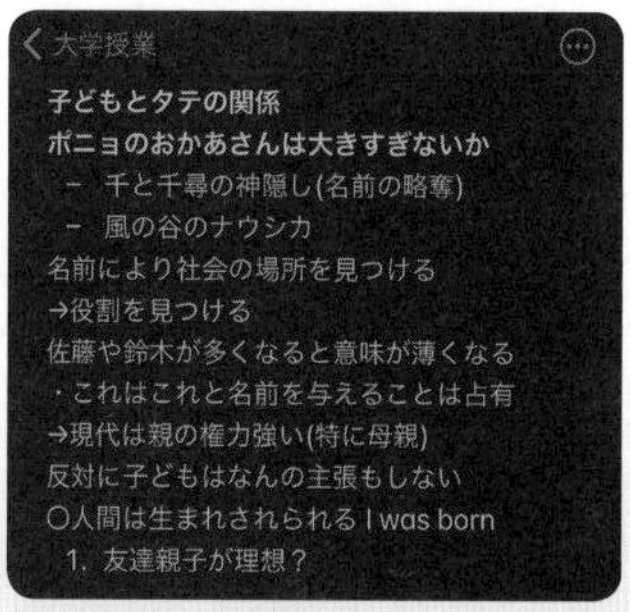

「子ども学」の講義で取ったメモの一部。子ども向けの映像作品などが成長に与える影響を学びました

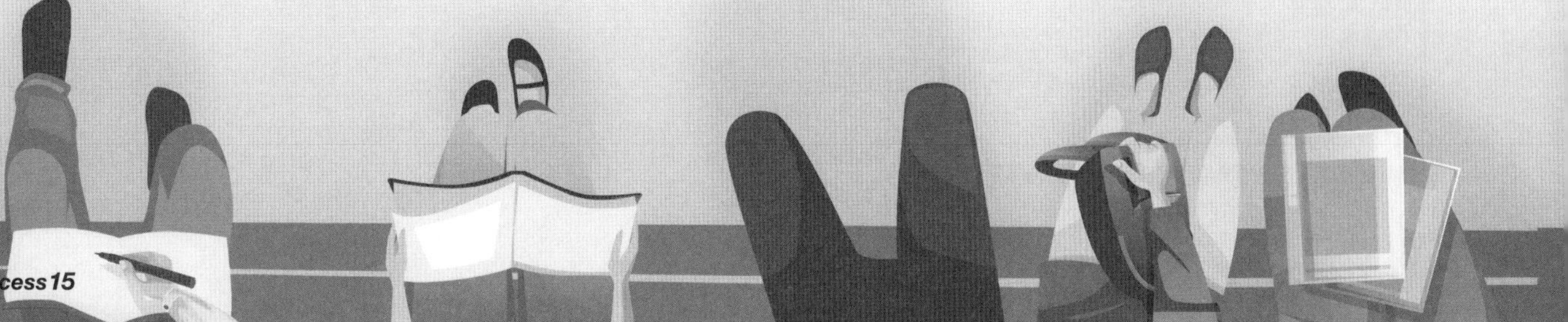

魅力に迫る

新校長のもとで進められる高大連携の強化と新たな教育

東洋《とうよう》大学《だいがく》京北《けいほく》高等学校

■ 東京都　文京区　共学校 ■

星野《ほしの》 純一郎《じゅんいちろう》
校長先生

今春新校長を迎えた東洋大学京北高等学校。星野純一郎校長先生に同校のこれからについて伺いました。

附属校の強みを活かしつつ他大学進学も積極的に支援

2021年4月、これまで副校長として東洋大学京北高等学校（以下、東洋大京北）の教育に携わってこられた星野純一郎先生が校長に就任されました。同校独自の取り組みをさらに充実させるとともに、新たなプログラムも検討されています。

星野校長先生は「附属校として東洋大学（以下、東洋大）との連携教育を実施できることは大きな魅力です。例えば東洋大に仲立ちとなってもらいながら、東京大学内にある研究室で最先端のバイオ3Dプリンター技術も学ぶ体験をさせてもらうプログラムを新設するなど、さらに連携を強化したいです」と話されます。

このように附属校としての強みを持ちながらも、他大学進学のためのサポート体制も万全なのが東洋大京北です。用意されているクラスは「難関進学クラス」と「進学クラス」の2つ。いずれのクラスも幅広く教養を身につけることを第一に、そのうえで希望する進路をかなえることが重要だとされています。

「本校には、東洋大への附属校推薦入学枠があり、基準を満たせば一般受験することなく進学できます。しかし、生徒には附属校だからと安易に進路を決めるのではなく、自分の将来についてしっかり考えたうえで進路選択をするように伝えています。その選択肢の1つとして東洋大があるということです」と星野校長先生。

哲学教育に加え理数教育にも注力

東洋大京北は建学の精神「諸学の基礎は哲学にあり」に基づき哲学教育に力を入れています。倫理の授業を必修とするとともに、哲学ゼミや哲学エッセーコンテスト、刑事裁判傍聴学習会など多彩なプログラムを用意。「より良く生きる」をテーマに生徒の「考える力」を伸ばします。

このような特色ある哲学教育を行う一方、「理数教育にも注力していきます」と熱く語る星野校長先生。今年度より校内に理数教育推進委員会を立ち上げ、高2対象の理系科目に特化した高3・0学期勉強合宿の実施、医学部進学希望者に対する進路指導の強化なども進められています。

新たな教育を展開することで、今後さらに魅力的な人材を輩出していくに違いない東洋大京北。2022年度入試では募集定員を30名増やし、より多くの生徒を受け入れられるよう門戸を広げました。

「どんなことにも挑戦するという貪欲《どんよく》な気持ちを持って、諦めない姿勢で物事に取り組める生徒さんを待っています。いま苦手なことがあったとしても、大切なのは入学してからどう過ごすかです。成長しようと頑張る、私が見たいのはそんなみなさんの姿です。本校で新しい自分を見つけましょう」（星野校長先生）

入試イベント

学校説明会 要予約
7月31日（土）12:00～13:30
15:00～16:30
9月11日（土）15:00～16:30

オープンスクール 要予約
7月24日（土）8月21日（土）
両日とも12:00～16:00

京北祭（文化祭） 要予約
9月25日（土）
9月26日（日）
両日とも入試相談室（10:00～15:00）あり

SCHOOL DATA

所在地 東京都文京区白山2-36-5
アクセス 都営三田線「白山駅」徒歩6分、地下鉄南北線「本駒込駅」徒歩10分、地下鉄丸ノ内線「茗荷谷駅」徒歩17分、地下鉄千代田線「千駄木駅」徒歩19分
TEL 03-3816-6211
URL https://www.toyo.ac.jp/toyodaikeihoku/hs/

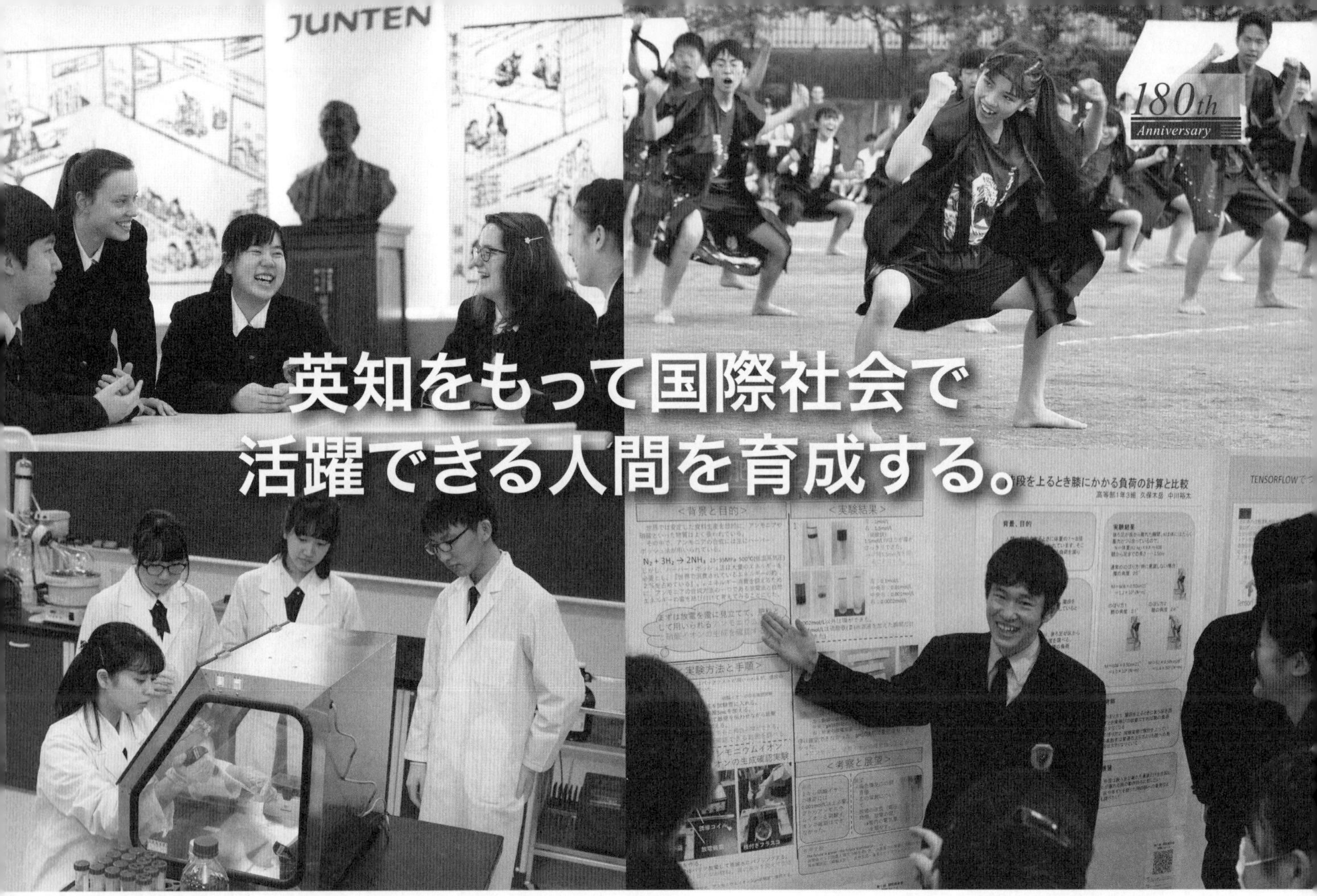

英知をもって国際社会で活躍できる人間を育成する。

創造的学力・国際対話力・人間関係力の３つの資質・能力を形成する特色教育

【進学教育】類型制により個性を生かした教科学習で深い学びをし創造的学力を育みます。
理数選抜類型：先端科学講座・プログラミング講座・放課後科学実験等の実施
英語選抜類型：英語の４技能を育てる外国事情・時事英語・TOEFL講座等の実施
特進選抜類型：2年次に文理の選択科目・英検対策・放課後課外講座の自由選択等の実施

【国際教育】英検取得・国際理解・国際交流・6コース5か国（オーストラリア・ニュージーランド・カナダ・タイ・台湾）の海外研修の実施により国際対話力を育みます。

【福祉教育】多彩なボランティア活動を提供し、自主的な活動を通して人間関係力を育みます。

2021年度 進学実績

東大2名をはじめ 東北大・名古屋大・東工大・九州大・筑波大・東京医科歯科大
早稲田大・慶応大・上智大・東京理科大・学習院大・明治大・青山学院大・立教大・中央大・法政大 へ多数合格

学校説明会・個別相談会【要予約】

帰国入試対象 / 7月22日（木祝）

学校説明会・個別相談会 / 7月25日（日） 9月25日（土） 11月20日（土） 12月4日（土）

学校見学のみ / 8月29日（日） 10月23日（土）　個別相談のみ / 11月3日（水祝） 12月26日（日）

☆緊急事態宣言発令時には感染拡大防止のため、実施内容を変更する場合もありますので、ご了承ください。オープンスクールはホームページでご確認ください。

順天高等学校

王子キャンパス（京浜東北線・南北線 王子駅・徒歩3分）　新田キャンパス（体育館・武道館・研修館・メモリアルホール・グラウンド）
東京都北区王子本町1-17-13　TEL.03-3908-2966　https://www.junten.ed.jp/

美 女子美術大学付属高等学校

JOSHIBI

学校説明会
9月11日（土）
14:00 ～
11月13日（土）
14:00 ～
要予約

女子美祭
～中高大同時開催～
～最大のイベント～
10月24日（日）
各 10:00 ～ 17:00
※ミニ説明会あり
要予約

公開授業
10月2日（土）
11月6日（土）
各 8:35 ～ 12:40
要予約

ミニ学校説明会
12月4日（土）
1月8日（土）
16:00 ～
要予約

全て
上履き不要です

新型コロナウィルス感染症の影響で日程が変更になる場合は、本校ホームページにてお知らせ致します

〒166-8538
東京都杉並区和田 1-49-8
［代表］
TEL: 03-5340-4541
FAX: 03-5340-4542

http://www.joshibi.ac.jp/fuzoku

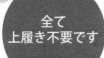

多彩な学びのフィールドを備えた八王子高等学校。あなたはいろいろな人と関わりながら、
高度な知性と豊かな心を身につけたグローバル人材へと成長していきます。その活躍の舞台は、まさに世界へと広がり、3年間で学ぶこと、経験することの
すべてが自分で思い描く未来に必要な力となり、何気ない毎日の小さな一歩の積み重ねが、大きな未来へとつながるのです。

人は、人と、輝く。

Hachioji Senior High School

八王子学園
八王子高等学校
Hachioji Senior High School

〒193-0931東京都八王子市台町4-35-1
Tel.042-623-3461(代)
URL http://www.hachioji.ed.jp
E-mail info@hachioji.ed.jp

JR中央線
「西八王子」から
徒歩5分

● 個性を活かす3コース／3クラス／3類系　● 年々伸びる合格実績　● 全国レベルを誇るクラブ活動

■文理コース（特進クラス／選抜クラス／進学クラス）　■総合コース（文科系／音楽系／美術系）　■アスリートコース

学園祭開催予定 9/25(土)・9/26(日)

※説明会は本校公式サイトにて完全予約制です。 ※詳しい学校紹介は公式サイトまたは学校案内をご覧ください。

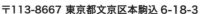

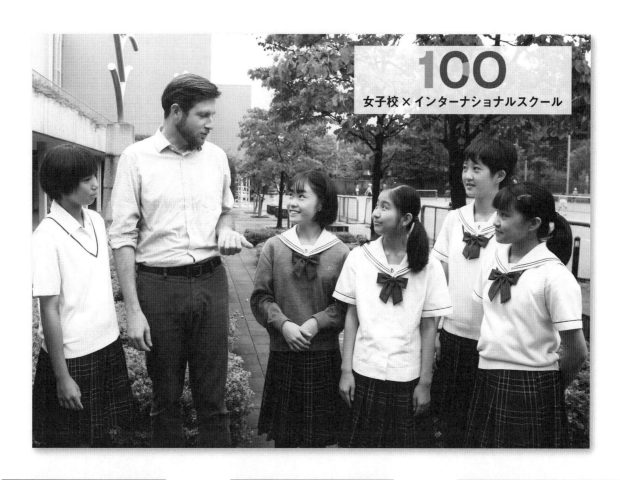

ちょっと得する

読むサプリメント

ここからは、勉強に疲れた脳に、ちょっとひと休みしてもらうサプリメントのページです。
ですから、勉強の合間にリラックスして読んでほしい。
このページの内容が頭の片隅に残っていれば、もしかすると時事問題や、
数学・理科の考え方で、ヒントになるかもしれません。

耳より ツブより 情報とどきたて

17年ゼミ現る

羽化したばかりの17年ゼミ＝2021年５月18日、アメリカ、バージニア州アーリントン
（写真提供／朝日新聞社）

その数はなんと数兆匹にも

アメリカの首都ワシントンや近隣15ほどの州では、この５月なかばから６月末にかけて、大量のセミによる大合唱どころか、大、大、大合唱が続き、人々を悩ませました。

どの種類のセミも成虫期に比べ、土中で過ごす幼虫期が格段に長いのですが、その期間はセミの種類や生息する国によって大きく違います。

今年、アメリカ東部で大発生したのは、17年ゼミと呼ばれる種類。17年の間、地下30㎝ほどの土中で過ごし、示しあわせたようにいっせいに這《は》い出してきて樹木や壁によじ登り、まさに鈴なり状態で羽化するのです。その数は合わせて、じつに数兆匹ともいわれています。

アメリカには、17年ゼミのほかに13年ゼミもいて、それぞれ種にして３種の集団があるそうです。

今年羽化したのは「ブルードX《テン》」と名づけられている17年ゼミ３種の集団で、赤い目が特徴。その大合唱は、日本のような風情あるものではなく、何万台もの芝刈り機をいっせいに運転しているような騒音です。飲食店などは、騒音にたまりかねて屋外営業を取りやめるほどでした。

「素数ゼミ」とも呼ばれている

ところで、17年、13年という数字に心当たりはありませんか。じつはこれらのセミは「素数ゼミ」とも呼ばれているのです。素数とは「１より大きい整数で、１と自分自身でしか割り切れない数」のことですね。

この「素数」に注目する説もあります。例えば17年と13年のセミがいっしょに発生するのは221年に１回で、交雑を避けやすい。捕食者のライフサイクルとも一致しにくくなるとという見方です。

The most
Advanced
Sciences
Navigation
016

マナビー先生の
最先端科学ナビ

FILE No.016
再利用型ロケット

アメリカの民間ロケットを洋上の船に着陸させて回収

いまロケット開発がおもしろい。

民間企業の参入をアメリカ航空宇宙局（NASA）が認めたことで、アメリカでは、民間によるロケット開発、宇宙開発が加速している。

これまで打ち上げに使ったロケット本体は使い捨てだった。

スペースシャトルは地球と宇宙の間を何度も往復して、その機体は再利用されているけれど、それは乗員が乗っている機体だけだ。スペースシャトルを打ち上げたロケット本体は使い捨てだったんだね。

アメリカの自動運転で有名なイーロンマスク氏が作った会社、スペースX社では、この打ち上げロケットの再利用に取り組み、すでにスペースX社のロケット・ファルコン9のブースター（第1段目ロケット）は、2015年12月、初めて地上への着陸に成功している。翌年4月には洋上に設けた着陸専用船への着陸にも成功した。

打ち上げたロケットを逆噴射させながら、垂直にゆっくりと着陸させるこのシステムは、その後も実験をを繰り返し、昨年5月には、宇宙飛行士を乗せた宇宙船クルードラゴンの打ち上げに成功。そのあと、ブースターの洋上着陸専用船への回収にも成功して、本格的な再利用への道を開いた。

膨大な打ち上げコストの大幅節約が可能に

なぜ再利用することが考えられたんだろう。

再利用できれば打ち上げの費用は大きくコストダウンさせることができる。また、次の打ち上げのための機体製造期間を短縮して打ち上げ頻度の大幅な増加も見込めるんだ。

ロケットの再利用、日本ではどうなんだろうか。

日本ではH3号機というロケットの運用が、今年度から始まるけれど、そのあとに開発が予定されているロケットでは、機体再利用が検討されている。

現在使われているH2Aロケットでは打ち上げ費用に約100億円の費用がかかっている。ロケット打ち上げの国際競争力という観点ではこの費用の高さはかなりの問題だ。他国に人工衛星打ち上げを頼もうとするとき、その国は、どうしたって費用が安い国に頼むよね。

今年から運用が始まる、先ほどのH3号機ではその費用を50億円に下げようとしているのもそんなわけがあるんだね。開発しようとしている再利用型はさらに費用を下げることができるはずなんだ。

現在、宇宙航空研究開発機構（JAXA）が、フランス国立宇宙研究

マナビー先生

大学を卒業後、海外で研究者として働いていたが、和食が恋しくなり帰国。しかし科学に関する本を読んでいると食事をすることすら忘れてしまうという、自他ともに認める“科学オタク”。

センター（CNES）やドイツ航空宇宙センター（DLR）と共同開発中の再利用実験機はカリスト（CALLISTO）と名づけられ、小型実験機（RV―X）を使って開発が進んでいる。

日本での開発も2030年を目標に進む

「再利用」は、日本人の心にある「もったいない」の気持ちを形にする仕事だともいえる。例えば、飛行機って同じ機体が使われて何度も何度も世界中を行き来しているよね。日本でも、そんな飛行機のように何度も使えるロケットを2030年までに実用化し、1回の打ち上げコストをできるだけ下げて、最終的には人間を乗せたまま着陸ができる機体を運用するのが目標だという。

そのためには機体を損傷させずに、何度も「快適」に着陸できるようにする必要がある。

その目標は至難だけれど、やりがいのある仕事だ。JAXAがいま行っている第1段階の実験では、垂直姿勢で打ち上げて高度100m程度まで飛行したあと、垂直姿勢を保ったまま、着陸をさせることをめざしている。実験は順調に進んでいるそうだ。

ロケット再利用のシステムが確立すると、「安心」して使える機体を数機用意することも可能だ。そうなれば安定して打ち上げを繰り返すことができる。

再利用できるロケットができあがったとして、どうやって地球上に戻すか、さらに戻ってきたときの誘導や着陸時の運用方法を確立しようと、さらなる実験が続けられている。

みんなが大人になるころには、飛行機に乗って旅をするのと同じように、再利用可能なロケットを使って宇宙旅行ができ、訓練を積んだ人ではなくても、宇宙への旅に出かけられるようになっているかもしれない。夢は広がるね。

打ち上げ後のロケットを再利用

アメリカ、スペースX社・ファルコン9のブースター（第1段目ロケット）は2015年12月、初めて地上への着陸に成功。翌年4月には画像のように、洋上着陸専用船への着陸にも成功した。
© SpaceX

【参考】https://www.aero.jaxa.jp/topics/column/0255.html　https://www.kenkai.jaxa.jp/research/callisto/callisto.html

Why? What!

なぜなに科学実験室

このページは、中学生のみなさんに身の周りにある「科学の種」に気づいていただき、次には自ら見つけていただき、さらに、理科、科学にもっと興味を持ってもらおうとして企画・編集されています。

私たちの周りには、じつは不思議な現象があふれています。ところが、それを「当たり前のこと」「なんで、それが不思議なの？」と、先入観にとらわれて見過ごしてしまうことも多いのです。

今回の現象も、日常のなかでは、みんなの目の前でよく見慣れている光景ですが、それは「屈折」という科学の現象があればこそ、起こっている不思議な現象なのです。

ぜひ、お友だちといっしょにやってみてください。

水と光の不思議

みなさんこんにちわ。「なぜなに科学実験室」の案内役、ワンコ先生てす。

暑くなってきたので、今回は水を使った実験です。とても静かで小さな現象ですが、私たちは鏡のなかに入り込んでしまったような不思議な体験ができます。

水がこぼれる心配はさほどありませんが、キッチンなどで注意しながら実験してください。

ワンコ先生

1 用意するもの

❶ガラスでできたコップ
❷水さし
❸サインペンなど
❹コピー用紙などの雑紙（数枚）

用意した紙に文字や図形を描いておきます。その左右の長さは、コップの直径の60％ぐらいまでにします。

② 空のコップを文字の前に

用意した文字や図形を書いた紙を立てかけ、その前に空のコップを置きます。ここでは「WON」と書いてあります。

③ コップに水を注いでいく

コップに水を注いでいきます。「WON」って「勝った」っていう意味だよね。「ねぇ、いつ？」と念じながら水をどんどん注ぎます。

④ アレッ？　文字が変わった

水をコップの口まで注いでいくと、不思議です。文字が変わっていきます。「NOW」だって！そうか、「勝ったのは、いまだったのか」。

⑤ 名刺を描いてみた

次に、今度は図形がいいな、と考えました。そうだ、簡単だから名刺を図案化してみよう。この名刺の持ち主は山中さんです。

6 水をどんどん注いでいくと

山中さんの名刺を描いた紙の前にコップを置いて、そのコップに水をどんどん注いでいきます。あれれ、また変化していきます。

7 名刺の持ち主が変わった

水をコップのフチまで注いでいくと、なんと名刺の持ち主が変わりました。山中さんではなくて、中山さんが持ち主でした。

8 今度は文字で再挑戦してみる

今度は、また文字を書いて再挑戦します。友だちの名前「さち」と書いてみました。さて、どうなるかな。

水を注ぐと

9 アレ？　今度は変わらないぞ

きっと「ちさ」に変わるんじゃないかな。えっ、アレレ、今度は変わらない。「さち」のままだ。これも不思議だね。

10 水に計算させてみる

今度は、途中まで水が入れてあります。ちょっと計算が間違っているようです。では、水に計算させてみましょう。

水を注ぐと

11 正解!!

水をどんどん注いでいくと、アレッ、文字が変わった。計算はしっかり合っています。そろそろ不思議の種はわかったでしょ！

解説 円柱レンズの働き

ガラスコップのような円筒形の透明容器に水を入れると円柱形のレンズとなり、光を屈折させます。円柱のため、文字などが左右ひっくり返って見えます。水がこぼれないようにヨコ置きにできた場合は、文字などは上下がひっくり返って見えます。

向こう側のガラスによって屈折した光は【図１】のように水のなかを進み、焦点はコップの外で結ばれ、【図２】のように反対側の眼には左右逆転した鏡面画像が見られることになります。

次にヒトの眼の側から見た光を考えてみましょう。ガラスと水の屈折率はほぼ同じなので光はほぼ直進し、【図３】のように延長線上に鏡面画像が見えます。なお、このような円柱形をしたレンズをロッドレンズといいます。ロッドは「円柱状の」という意味です。

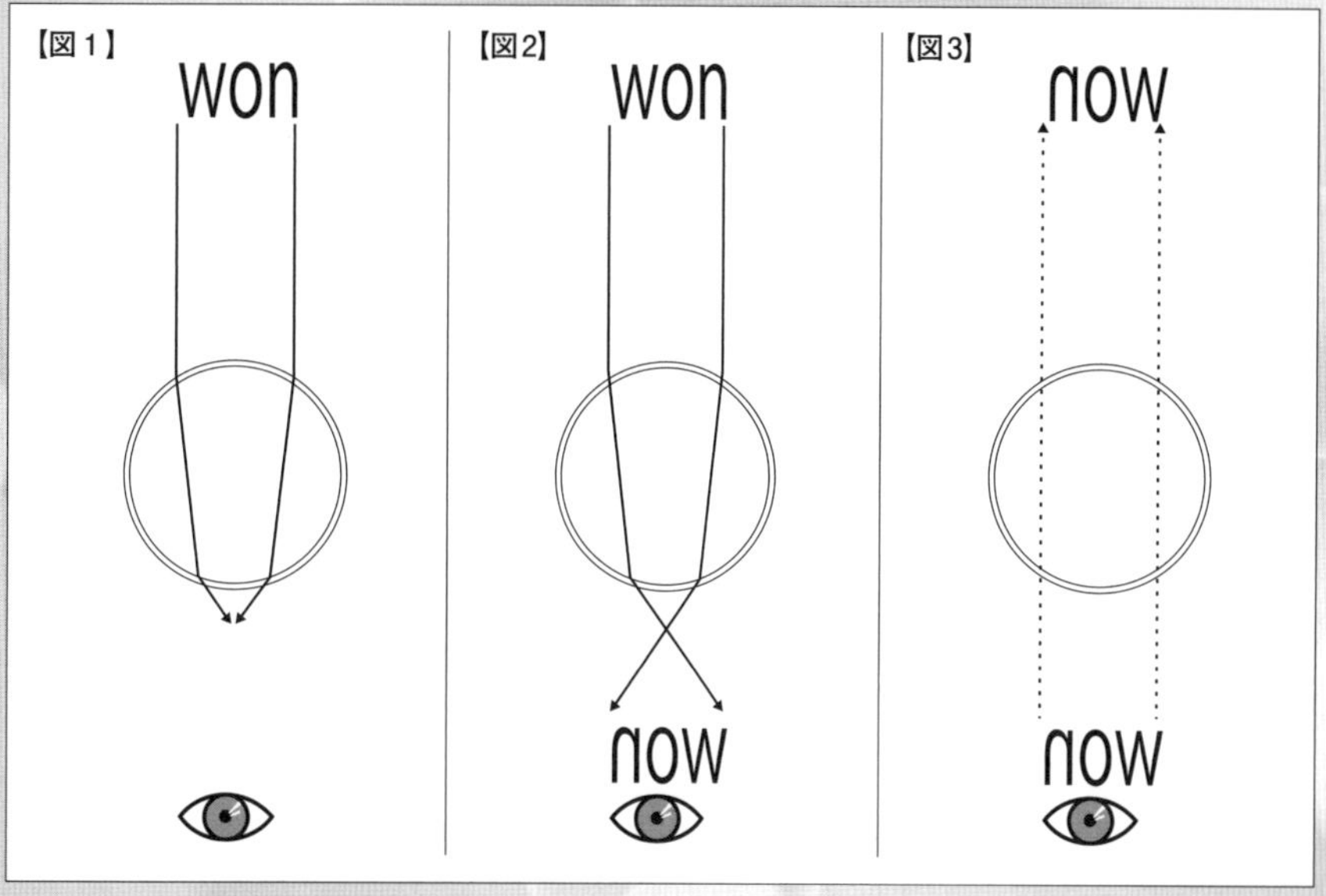

※図は模式図で、厳密な光の角度を示したものではありません。

動画はこちら▶

水を注ぐと文字や図案が変化する様子をこちらの動画でご覧ください。

そうだったのか！

中学生のための経済学

山本謙三
オフィス金融経済イニシアティブ代表、東京大学教養学部卒、前NTTデータ経営研究所取締役会長、元日本銀行理事。

「経済学」って聞くとみんなは、なにか堅〜いお話が始まるように感じるかもしれないけれど、現代社会の仕組みを知るには、「経済」を見る目を持っておくことは欠かせない素養です。そこで、経済コラムニストの山本謙三さんに身近な「経済学」について、わかりやすくお話しいただくことにしました。今回は日々の生活に影響を与える物価についてのお話です。

IYO ／ PIXTA

物価ってなんだろう

「物価」とは、私たちが日ごろ購入する商品、つまりモノやサービスの価格をいいます。ただし、ラーメン1杯800円、散髪代4000円といった、個別の商品の値段（価格）とは少し違います。あくまで世の中全体の値段の動向をみるために作成した「平均的な商品の価格」です。そのために、物価には△円といった絶対的な価格はありません。基準の年から「平均的な商品の価格」がどの程度上下したかを示す指数があるだけです。

代表的な物価が、総務省が作成する消費者物価指数です。作成にあたっては、まず日本の家庭が購入する商品のなかから、主要な品目を選び出します。現在は585品目が選定されています。その1つひとつの価格を毎月調べ、どの程度上下したかを計算し、指数化します。例えば、基準年2015年を100として、2020年のルームエアコンは107・2、携帯電話通信料は85・4でした。それぞれ5年間で7・2％上昇、14・6％下落したわけです。これらを、全国の家庭が各品目に支出した金額の割合に応じて加重平均（※）します。ルームエアコンの金額割合は1万分の30、携帯電話通信料は1万分の230といった具合です。すべての品目につき、こうした指数と金額割合を掛けあわせて合計したものが、消費者物価指数（総合）となります。2020年の同指数は101・8で、2015年から1・8％上昇したことを表します。

市場経済では、個々の商品の値段は変動するのが自然です。例えば、台風の被害を受けて農作物が品薄になれば、値段が上がることで需要が減り、需要と供給が調整されます。しかし、これだけで物価は上がったとはいいません。物価の上昇とは、農作物だけでなく、そのほかの多くの商品も値上がりし、平均的な価格の上昇がみられることです。

※平均値を算出する際に、量の大小を反映させる方法

インフレ？　デフレ？

インフレーション（以下、インフレ）とは、物価の上昇が長く続くことをいいます。インフレ時は賃金も上がることが多く、一見いいことのように感じますが、給料が増えても、物価が上がっているので買える商品は増えません。むしろ、年金収入に頼る高齢者のように、後追いにしか収入が増えない人にとっては、買える商品が減ります。また高インフレ時には、賃上げを目標とするストライキも増え、社会が不安定化します。一方、デフレーション（以下、デフレ）とは物価の下落が長期間にわたることです。デフレの際は給料が下がり失業が増えます。消費や投資の意欲も減退し、やはり社会が不安定化します。

望ましいのは、人々が物価の先行きを心配せずに生活できる状態です。物価の先行きが不安になれば、資産や将来の生活をインフレ、デフレからどう守るかも考えねばなりません。個々の商品の値段は上下しても、平均的な商品の価格である物価はできる限り安定していることが望ましいというわけです。

PICK UP NEWS
ピックアップニュース！

西表島のマングローブ林。世界自然遺産への登録勧告を受けた「奄美大島、徳之島、沖縄島北部および西表島」の候補地の1つ（2018年4月30日撮影・沖縄県竹富町）写真：時事

今回のテーマ

奄美・徳之島など４島が世界自然遺産へ

国際連合教育科学文化機関（ユネスコ）の諮問《しもん》機関はこのほど、希少種の動植物が多く生息する鹿児島県と沖縄県の「奄美《あまみ》大島《おおしま》、徳之島《とくのしま》、沖縄島北部及び西表《いりおもて》島《じま》」の４島を世界自然遺産に登録するようユネスコに勧告しました。７月に開催予定の世界遺産委員会で正式に決定される見込みです。

登録されれば、日本の自然遺産は2011年の小笠原諸島（東京都）以来10年ぶり５件目、文化遺産を含めると世界遺産は24件目になります。

４島からなる登録予定地は、合計約４万3000ha、九州から台湾にいたる琉球列島の一部で、大規模な地殻変動により、いまから約200万年前ごろまでに、ユーラシア大陸から切り離されたとみられています。暖流の黒潮や季節風などによる温暖多湿な亜熱帯気候に属し、常緑広葉樹に覆われており、「希少種の楽園」とも呼ばれています。

それぞれが孤立した島であることから、固有の動植物が独自の進化、発展を遂げ、希少な生態系が維持されてきました。

これら４島には95種の絶滅危惧種が生息しており、このうち75種が４島の固有種です。奄美大島には鳥類のルリカケス、アマミイシカワガエルなどがいます。同島と徳之島にはアマミノクロウサギ（特別天然記念物）などがいます。沖縄島北部には鳥類のヤンバルクイナ、ノグチゲラ（特別天然記念物）など、西表島にはイリオモテヤマネコ（特別天然記念物）や鳥類のカンムリワシ（特別天然記念物）などが生息しています。いずれも絶滅危惧種に指定されています。また奄美大島や西表島にはマングローブ林が広がっています。

政府は2003年に「琉球諸島」を世界遺産候補に選びましたが、2016年に区域を４島に絞ってユネスコに推薦しました。しかし、整備が遅れているなどとしてユネスコが登録の延期を決めたため、推薦をいったん取り下げ、2019年に再推薦、新型コロナウイルス感染症の影響で審査が遅れたこともあり、今年になっての勧告となりました。

地元の住民は、新型コロナウイルスの感染が終息したら、多くの観光客に訪問してほしいと話しています。

ジャーナリスト **大野 敏明**
（元大学講師・元産経新聞編集委員）

思わずだれかに話したくなる

名字の豆知識

第18回

今回は

斎藤

斎藤の斎ってどんな意味？

全国16位の「斎藤」キーワードは「斎宮」

「斎藤」は日本で16番目に多い名字です。全国で約61万9100人いると推定されています。一方、漢字1字違いの「斉藤」は全国53位で約28万9500人と推定され、「斎藤」と「斉藤」を合計すると約90万8600人となり、全国で10位になります。

ここでは「斎藤」をみてみましょう。山形、福島、栃木で4位、群馬、埼玉で5位、青森、秋田、千葉で6位、茨城で7位、福井で8位、宮城、神奈川で10位です。東北・関東に多い名字といえます（新人物往来社『別冊歴史読本 日本の苗字ベスト10000』より）。

「斎」には、神仏を祀《まつ》るときなどに、飲食などを慎み、身の汚れを取り去る「物忌《ものい》み」の意味があります。また、物忌みをするところ、ということから、部屋を意味するようにもなり、「書斎」という言葉ができました。

「斎藤」の「斎」は「斎宮《さいくう》」からきたと考えられています。「斎宮」は訓では「いつきのみや」と読みます。「いつき」とは大嘗祭《だいじょうさい》などで物忌みをすること、あるいは物忌みをする人をさす言葉です。天皇が大嘗祭などを行うときに物忌みをしますが、物忌み自体を管理したり、物忌みをする場所を管理する人を「斎宮職」といい、「斎宮職」にあった藤原氏が「斎藤」となっていったと考えられます。

一方の「斉藤」の「斉」は漢音で「セイ」、呉音で「サイ」と読みます。「一斉」「均斉」などの熟語があります。「整える、等しくする、正しい」といった意味で、「斎」とはまったく別の字です。しかし、よく似た字なので、「斉」を「斎」の略字と勘違いしたり、同じ字と思い違いをして「斉藤」という名字が誕生したと考えることもできます。

歴史的に「斎藤」を名乗った初めは藤原叙用《ふじわらののぶもち》といわれています。叙用が斎宮頭《さいくうのかみ》となって、斎藤を名乗ったのです。

叙用は藤原北家《ふじわらほっけ》、房前《ふささき》の子、魚名《うおな》の5代の子孫、利仁《としひと》の子です。利仁は平安中期の武将で、従四位下《じゅしいげ》鎮守府将軍《ちんじゅふしょうぐん》となりました。下野国《しもつけのくに》（現・栃木県）で群盗を征伐して勇名を馳せ、武士の鑑《かがみ》と称されました。『今昔物語集《こんじゃくものがたりしゅう》』には芋粥《いもがゆ》の話の主人公として描かれました。それが芥川龍之介《あくたがわりゅうのすけ》の小説『芋粥』の元の話です。『芋粥』の主人公は「赤鼻の五位」で風采《ふうさい》のあがらない人物として描かれていますが、実際は四位までいった猛将です。利仁は将軍であり、勇名を馳せたことから、江戸時代には9つの家が利仁の子孫を称しています。

斎藤実盛に斎藤道三 歴史に残る斎藤姓

さて、「斎藤」で有名な武士といえば、斎藤《さいとう》実盛《さねもり》でしょう。彼は利仁の子、叙用の8代の子孫で、平安末期の武将。平維盛《たいらのこれもり》に従って源義仲《みなもとのよしなか》を討とうとしたとき、すでに白髪の老人でありましたが、年齢を隠して出陣するために髪を黒く染めて奮戦、手塚光盛《てづかみつもり》に討たれたとされています。この話は武士の1つのありようとして賛美され、脚色されて能の「実盛」となりました。実盛が白髪を染め、錦《にしき》の直垂《ひたたれ》を着けて最後の戦闘に臨むという、いわば武士の美学を表現したもので、実盛は霊となって遊行上人《ゆぎょうしょうにん》の説法を聞くという内容です。斎藤実盛が能にまでなったため、それにあやかって「斎藤」姓を名乗る者が多く出たことも十分考えられます。

江戸時代の大名に斎藤はいませんが、戦国時代には斎藤道三《さいとうどうさん》がいます。マムシの道三といわれ、織田信長《おだのぶなが》の舅《しゅうと》にあたる人物で、司馬遼太郎《しばりょうたろう》の小説『国盗《くにと》り物語』の主人公でもあります。長井新九郎、斎藤利政などとも称しました。ですから、本来の斎藤氏かどうかはわかりません。ただその子、義龍《よしたつ》は系図では叙用の17代子孫ということになっています。道三の出自が不明であるため、叙用の子孫として系図を作成したのかもしれません。

旗本表には28家の「斎藤」がいます。石高トップは斎藤三英、6000石の寄合席《よりあいせき》です。寄合席とは大身の旗本で役職がないということです。大身でない旗本で役職がない場合は小普請《こぶしん》組《ぐみ》となります。旗本表には「斉藤」はありません。

幕末、江戸の3大道場の1つに神道無念流《しんとうむねんりゅう》練兵館《れんぺいかん》道場がありました。道場主は斎藤弥九郎《さいとうやくろう》です。名は善道《よしみち》。篤信斎《とくしんさい》と号しました。越中国《えっちゅうのくに》(現・富山県)の人です。道場は、靖国神社がある九段にありました。この斎藤弥九郎が藤原利仁の子孫かどうかの記録はありません。弟子に桂小五郎《かつらこごろう》(のちの木戸孝允《きどたかよし》)がいます。

華族では子爵に斎藤実《さいとうまこと》がいます。1858年、岩手県の水沢藩士の子に生まれ、海軍兵学校を出て、海軍士官になり、日露戦争では海軍次官兼軍務局長を務め、その後、海軍大臣、朝鮮総督、内閣総理大臣、内大臣などを歴任しましたが、二・二六事件で暗殺されました。

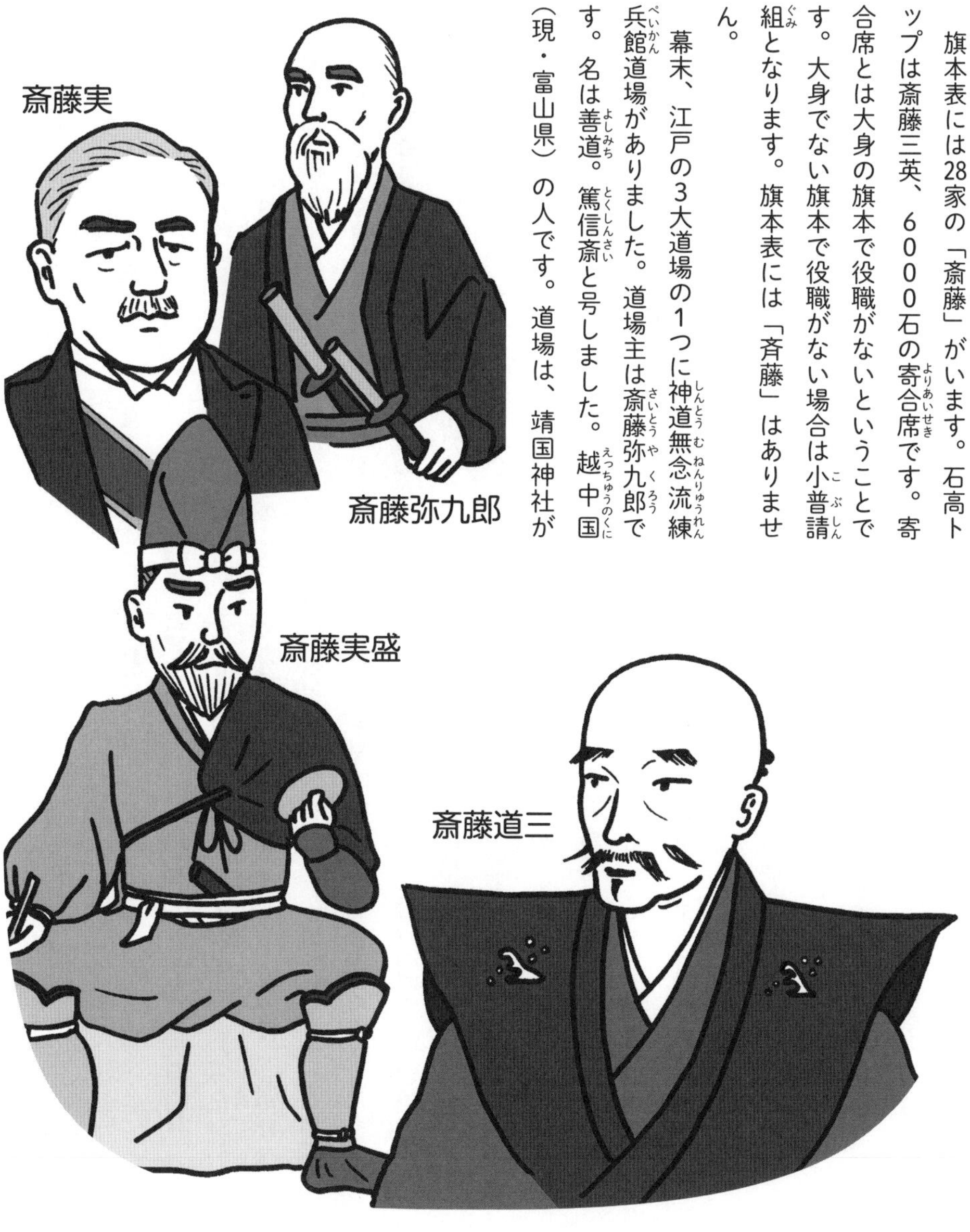

ミステリーハンターQのタイムスリップ歴史塾

菅原道真

今回のテーマは、平安時代に活躍した菅原道真。現在は学問の神様としても親しまれているが、どんな生涯を送った人物なのか知っているかな。

静 学問の神様として祀《まつ》られている菅原道真《すがわらのみちざね》ってどんな人？

MQ 平安時代前期の政治家で、学者でもあった人だね。

勇 平安時代は藤原氏全盛というけど、菅原姓だから藤原氏じゃないよね？　道真はどうして偉くなれたの？

MQ 道真は小さいときから字がうまく、文章も上手で、勉強がよくできたんだ。

静 それで認められたの？

MQ ８７７年、32歳の若さで、当時、朝廷の第一人者でのちに太《だ》政大臣《じょうだいじん》になる藤原基経《ふじわらのもとつね》に文才を評価され、文章博士《もんじょうはかせ》に任じられたんだ。

勇 文章博士って？

MQ 朝廷における学問分野のトップ、いまの文部科学大臣に近いかな。その後、天皇の側近である蔵人頭《くろうどのとう》に任じられ、宇多《うだ》天皇の信任厚く、８９３年には参議《さんぎ》に登用されたよ。

静 それで政治に携わることになったの？

MQ ところが、56年ぶりに遣唐《けんとう》使《し》を派遣する話が持ち上がり、道真はその大使に任命されたんだけど、遣唐使の廃止を進言するんだ。

勇 どうしてやめようとしたの？

MQ このころ、唐の力は衰え、各地で反乱が起きていて、安全が保障されないことや、行っても得るものが少ないと道真は判断したんだ。結局その後、９０７年に唐は滅亡し、それに伴って２００年以上の遣唐使の歴史にも終止符が打たれた。道真は情報通でもあったんだね。

静 すごく有能な人だったんだね。道真はさらに出世したの？

MQ 権中納言《ごんちゅうなごん》に出世し、長女を宇多天皇の女御《にょうご》としたり、３女を宇多天皇の皇子の妃とするなど、天皇家との縁戚関係も深めていった。

勇 なんだか藤原氏のやり方に似てるね。

MQ ８９９年には右大臣《うだいじん》となり、政権のトップとなったんだ。ところが、これが藤原氏の妬《ねた》みを買い、中傷されて、９０１年に突然、福岡の太宰府《だざいふ》の次官である権《ごんの》帥《そち》に左遷されてしまう。昌泰《しょうたい》４年の出来事だったので、これを昌泰の変というよ。

静 復活することはなかったの？

MQ 道真は９０３年に失意のうちに亡くなってしまうんだ。その後、道真を中傷した藤原時平《ふじわらのときひら》が若くして死に、皇太子が亡くなり、さらに天皇の住まいの清涼殿《せいりょうでん》に落雷があり、貴族が死傷するなどの事件が相次いだ。人々は道真の怨霊の祟《たた》りとして恐れ、９４７年、いまの北野天満宮に神として祀られることになったんだよ。

ミステリーハンターQ（略してMQ）

米テキサス州出身。某有名エジプト学者の弟子。1980年代より気鋭の考古学者として注目されつつあるが本名はだれも知らない。日本の歴史について探る画期的な著書『歴史を掘る』の発刊準備を進めている。

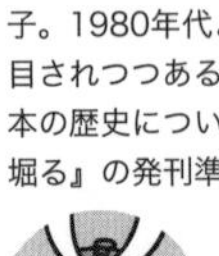

山本 勇

中学３年生。幼稚園のころにテレビの大河ドラマを見て、歴史にはまる。将来は大河ドラマに出たいと思っている。あこがれは織田信長。最近のマイブームは仏像鑑賞。好きな芸能人はみうらじゅん。

春日 静

中学１年生。カバンのなかにはつねに、読みかけの歴史小説が入っている根っからの歴女。あこがれは坂本龍馬。特技は年号の暗記のための語呂合わせを作ること。好きな芸能人は福山雅治。

サクセス印のなるほどコラム

ナルコレプシーって、なに？　その2

前回は、突然眠ってしまうナルコレプシーという病気の生徒について話をしたね。

急に眠気に襲われるから、１人では外出できなかった生徒さんだよね。その後どうなったの？

そう、大変な病気だよね。だけど頑張って、彼は現役で大学に合格したんだよ。

すごいなあ！　何学部に合格したの？

理工学部数学科。

数学が好きなんだね！

嬉しい話なんだけど、彼は「先生みたいな高校教師になりたいんです！」と言って、数学科に行ったんだよね。

それはなかなかにビックリ。先生のどこがいいんだろう？（笑）

キミは相変わらずヒドイなあ(苦笑)。彼にとっては私みたいな授業をする先生が気に入っていたんだと思う。

それで、その人は先生になったの？

それはね、止めたんだ。

どうして？

私は無理だと思ったから。なぜなら、彼が生徒を指導中に突然眠ったら大変だよね。

う〜ん。でも、その人は納得したの？

まあまあ。まずは話を最後まで聞いてよ。

わかりました！

じつは彼、大学時代に留年しそうになるんだ。大学の定期試験の前になると、ナルコレプシーになってしまったんだよ。素人考えだけど、彼のナルコレプシーはストレス性によるものではないか、と私は思った。つまり、イヤなことが目の前にあると、ナルコレプシーにかかってしまう。もちろん、それだけが理由ではないとは思うけどね。だから、彼に言ったんだ。

なんて？　まさか、「教師をめざすな！」とか？

「先生という職業は、生徒のことをいつも考えているような仕事だから、キミの持病のことを考えると難しいんじゃないか。授業研究も必要だし、担任になればクラスのことも考えないといけないんだよ」というような話をね。

大マジメな話だった……。先生は、そんなマジメな話ができる人だったんだね。

マジメにすべきときにはするよ。キミに私がどう映っているのかはわからないけど、学校の先生方は、生徒のために毎日マジメに色々なことを考えているものなんだ。だからこそ、彼の持病を考えると、それは無理だろうと思ったんだ。

彼はそれを受け入れたの？

そうだね。

で、どうなったの？

会社員になったよ。営業職についた。

それもすごいね。営業中にナルコレプシーにならないのかな？

その後は連絡が途絶えてね。「便りがないのはいい知らせ」とも言うからさ、きっといまはうまくやっていると思うよ。

そっか〜。でもその人、本当に先生にならなくてよかったと思うよ。

どうしてそう思うの？

ぼくみたいなひねくれた生徒の相手をするのは大変だもんね。

おっ、自覚があるとはエライじゃないか！

冗談だよ。それをフォローしてくれないのが先生のダメなところ！

面目ない……。

中学生でもわかる
高校数学のススメ

高校数学では、早く答えを出すことよりもきちんと答えを出すこと、つまり答えそのものだけでなく、答えを導くまでの過程も重視します。なぜなら、それが記号論理学である数学の本質だからです。さあ、高校数学の世界をひと足先に体験してみましょう！

written by
湯浅 弘一
ゆあさ・ひろかず／湘南工科大学特任教授・湘南工科大学附属高等学校教育顧問

Lecture! 直線型整数解を求める

例題　$3x-5y=1$を満たす整数の組(x, y)を求めなさい。

すぐに、$(x, y)=(2, 1)$と答えたり、$(x, y)=(7, 4)$と頭に浮かんだ方はいませんか？じつは、この方程式の解は無数に存在するのです。その無数の解をどのように表現するか？　これが高校数学Aです。ちなみに、多くの高校１年生が数学Ⅰと数学Aに取り組みます。

(解答例) $3x-5y=1$……①を満たす１つの組として$(x, y)=(2, 1)$を選ぶと、

$3\cdot 2-5\cdot 1=1$……②です。

①－②を計算すると$3(x-2)-5(y-1)=0$

ここで$-5(y-1)$を右辺に移項して$3(x-2)=5(y-1)$……③

この③式の左辺は３の倍数、右辺は５の倍数であるから、③式は

$3(x-2)=5(y-1)=15$の倍数（３と５の公倍数）とわかります。そこでこの15の倍数をkを整数として文字式$15k$と表すと、③式は

$3(x-2)=5(y-1)=15k$と書けます。

この式から$x-2=5k$、$y-1=3k$と表すことができます。

よって、答えは$\boldsymbol{(x, y)=(5k+2, 3k+1)}$**（ただし$\boldsymbol{k}$は整数）**

ここでkの値を定めると、(x, y)が１つに決まります。例えば、$k=5$とすると$(x, y)=(5k+2, 3k+1)=(27, 16)$です。

この値は確かに、$3x-5y=1$を満たしていますね。

今回学習してほしいこと

a, b, c,を整数として$ax+by=c$を満たす整数の組(x, y)を求めるには？
例えば、解の１組$(x, y)=(p, q)$を見つけて引きます。
そうすると、$a(x-p)=-b(y-q)=a$とbの最小公倍数の倍数、と変形をして求めることができます。

さあ、早速練習です！　左ページに上級、中級、初級と３つのレベルの類題を出題していますので、チャレンジしてみてください。

練習問題

上級

$17x+18y=2022$を満たす自然数の組(x, y)はいくつあるか求めなさい。

中級

mを正の整数とする。次の問いに答えよ。

(1)　方程式$70x+130y=m$が整数解をもつときのmの最小値をm_0とする。m_0の値を求めよ。

(2)　(1)で求めたm_0に対して，方程式$70x+130y=m_0$の整数解をすべて求めよ。

（2020年新潟大学入試問題）

初級

$5x-7y=1$を満たす整数の組(x, y)を求めなさい。

解答・解説は次のページへ！

解答・解説

上級

$17x+18y=2022$……①を満たす自然数の組(x, y)を考えても、例題のようにはすぐに求まらないと思います。そんなときはまず2022を1として考えてみましょう。

すると①の式は$17x+18y=1$……②となり、

これを満たす1組(x, y)として$(x, y)=(-1, 1)$がわかります。

②の式の右辺を2022倍したものが、①の式の左辺となることに注意すると

①を満たす組(x, y)は、

$(x, y)=(-2022, 2022)$と表せます。

そこで

$17x+18y=2022$……①

$17(-2022)+18\cdot2022=2022$……③

①－③を計算して、$17(x+2022)+18(y-2022)=0$

よって$17(x+2022)=-18(y-2022)=17\times18\times k$（$k$は整数）

と書けるから

$x+2022=18k$より$x=18k-2022$

$y-2022=-17k$より$y=-17k+2022$

xとyは自然数なので$x\geqq1$、$y\geqq1$

$x=18k-2022\geqq1$……④

$y=-17k+2022\geqq1$……⑤

④と⑤を解くと$\frac{2023}{18}\leqq k\leqq\frac{2021}{17}$

つまり$112.3\cdots\cdots\leqq k\leqq118.8\cdots\cdots$となります。

$k=113, 114, 115, 116, 117, 118$、の6個なので、

そのkに対して$(x, y)=(18k-2022, -17k+2022)$が1つに決まるので、

$17x+18y=2022$を満たす自然数の組(x, y)は**6組**になります。

答え　**6組**

中級

(1)　$70x+130y=m$が整数解をもつとき、mは10の倍数である。
mは正の整数であり、mの最小値がm_0なので求める$m=$**10**(答え)
ちなみに、$m=10$のとき$70x+130y=10$
つまり$7x+13y=1$で、これを満たす$(x, y)=(2, -1)$です。

(2)　(1)より$70x+130y=10$つまり$7x+13y=1$……①
これを満たす$(x, y)=(2, -1)$を使うと
$7x+13y=1$……①
$7\cdot 2+13(-1)=1$……②
①－②を筆算すると$7(x-2)+13(y+1)=0$
つまり$7(x-2)=-13(y+1)=$7と13の最小公倍数の倍数、であるから、
$7(x-2)=-13(y+1)=7\times 13\times k$ (kは整数)と書くことができる。
よって、**$(x, y)=(13k+2, -7k-1)$ (ただしkは整数)**

答え　(1)10　(2)$(x, y)=(13k+2, -7k-1)$ (ただしkは整数)

初級

$5x-7y=1$……①を満たす整数の１組を$(x, y)=(3, 2)$とすると、
$5\cdot 3-7\cdot 2=1$……②
①－②を計算すると$5(x-3)=7(y-2)=$5と7の最小公倍数の倍数、であるから、kを整数として$5(x-3)=7(y-2)=35k$とおくと
$x-3=7k$、$y-2=5k$と求まるので、
答えは**$(x, y)=(7k+3, 5k+2)$ (ただしkは整数)**となります。

答え　$(x, y)=(7k+3, 5k+2)$ (ただしkは整数)

Success Book Review

子どもだって、みんな大人と同じように考えながら生きている

今月の1冊

『ぼくはイエローでホワイトで、ちょっとブルー』

著者／ブレイディみかこ
刊行／新潮社
価格／1485円（税込）

著者はイギリス在住で、アイルランド人の夫と、その間に生まれた息子との3人で暮らす日本人の女性。

日本で生まれ育ち、そののちイギリスへと渡り、日系の企業で勤務。その後、著者いわく「最底辺保育所」と呼ぶ、所得が低い人が多く、治安もあまりよくない地域にある保育所で保育士として働いたという経歴を持つ。

その彼女が、自身の息子が中学校に入ってからの1年半の間に体験した、様々な「社会の縮図」のような出来事について綴《つづ》ったエッセイが、この『ぼくはイエローでホワイトで、ちょっとブルー』だ。

中学校に進学するにあたって学校見学をしたところ、それまで通っていた公立のカトリック系小学校（その地域では平和な小学校）から、そのままカトリック系の中学校に進まず、これまた著者いわく「元底辺中学校」に、本人の意志で通うことに。

順応性が高く、両親の心配をよそに、意外と楽しそうに学校に息子が通っていると思いきや、ある日、どうも人種差別的な扱いを受けたようで、ノートの端に「ぼくはイエローでホワイトで、ちょっとブルー」と書いてあるのを発見。心配しつつ、それを著者がそのままこの本のタイトルとしたのだが、だからといって、この一家がその後大変な目にあうといった話ではない。

それよりも、イギリスの社会が、いまどんなふうに変化していて、それに子どもたちがどんな影響を受けているのか、そして、子どもたちはそういう変化、影響にどのように対応しているのか、ということが、息子や周囲の大人たちとのやり取りを通して、軽やかに、でもしっかりと描かれている。

本書に出てくるエピソードは、日本にいてはなかなかピンとこない内容も多い。でも、日本に住んでいたって、これからは「多様性」について考えずに生きていくことは、きっとできないだろう。

知っておくことは悪いことではない。外の世界にはこんなこともあるんだ、と頭の片隅におきつつ、ときに笑いながら読んでみよう。

サクセス映画館

― 10代が主人公の、夏を感じる映画 ―

モアナと伝説の海

2016年／アメリカ
監督：ジョン・マスカー、ロン・クレメンツ

ディズニー公式動画配信サービス、ディズニープラスで配信中
© 2021 Disney
Blu-ray、DVDも発売中

海を愛する少女の大航海

南の島で暮らす少女・モアナは、幼いころから海が大好き。島を取り囲むサンゴ礁より外に出てはいけないという掟があるものの、好奇心旺盛な彼女は外の世界に憧れを募らせていました。

そんなある日、島の動植物に異変が起こります。命を創造する力を持つ女神テ・フィティの「心」が盗まれたことから、世界が命の輝きを失いつつあったのです。どうやらこの件には、かつて伝説の英雄として慕われていたマウイが関係しているようで……。村長の娘でもあるモアナは、その「心」を取り戻すために、大海原へ旅に出るのでした。

どんな困難にぶつかっても、持ち前の明るさで前へ突き進むモアナの姿に勇気をもらえます。印象的な楽曲や美しい海の映像に心が癒される、夏にぴったりの一作です。

※本作には一部津波を連想させるシーンがありますのでご注意ください

アルプススタンドのはしの方

2020年／日本
監督：城定秀夫

Blu-ray発売中
価格：6,380円（税込）
発売・販売元：ポニーキャニオン
©2020「アルプススタンドのはしの方」製作委員会
デジタル配信中

野球をはしっこで観戦する高校生たち

実際に高校の演劇大会で上演された戯曲を原作とした、爽やかな余韻を残してくれる青春映画です。

舞台は夏の甲子園１回戦。ただ、この映画の主人公は球場で活躍する野球部員でも、彼らを音楽で応援する吹奏楽部員でもありません。野球のルールをよく知らないまま球場にやってきた演劇部の安田と田宮、元野球部の藤野、成績優秀で帰宅部の宮下という、アルプススタンドの“はしの方”で試合を見守る４人を中心とした物語なのです。

最初はぎこちない雰囲気の４人でしたが、会話を交わすうちに、それぞれが様々な思いを抱えていることを知っていきます。“はしの方”にいても人生の主役は自分自身。恋に友情に夢に悩む高校生たちの思いの行方が、そして試合の結末がどうなるのか、ぜひご覧ください。

ハイ☆スピード！ ―Free! Starting Days―

2015年／日本
監督：武本康弘

DVD発売中
4,180円（税込）
発売元：京都アニメーション・ハイスピード製作委員会
販売元：ポニーキャニオン
©2015おおじこうじ・京都アニメーション／ハイスピード製作委員会

水泳部員たちの葛藤と成長

中学生となり入った水泳部で、メドレーリレーに挑むことになった遥、真琴、旭、郁弥。メドレーリレーとは、背泳ぎ、平泳ぎ、バタフライ、自由形の４種目をリレーしていく競技で、陸上競技のリレー同様、引き継ぎが勝敗のカギを握ります。

ところが、性格も考え方もバラバラな面々は、チームとしてまったく機能せず、ライバル校との練習試合でも惨敗。空中分裂の危機におちいります。チームはいったいどうなってしまうのでしょうか？

初めての部活動で、自分とは違う考えや目的を持つ新しい仲間に出会ったとき、みなさんはどうしますか？　相手を受け入れる。自分の弱さを認めて素直になる。部活動を通して、そのように少しずつ成長していく４人を見ていると、きっと胸が熱くなることでしょう。

4月号の答えと解説

解答 farmer（農場主・農家）

解説

解答のfarmerの“farm”は「農場・農園」のことです。また、日本語で同じ「ファーム」と表記されるものにfirmという単語があります。firmは、「会社」「商会・商店」という意味です。さらに、law firm で「法律事務所」という意味になります（普通、多くの弁護士をかかえる大規模な法律事務所をさします）。

リストにある単語、actress（女優）については、職業の名称を男女で分けることが適当ではないとの考え方から、現在では男女ともにactorとするのが普通になっています。

リストにない２単語以上で表される職業のうち、

junior high school student（中学生）
office worker（会社員）
part-time worker（アルバイト）
fire fighter（消防士）
police officer（警察官）
flight attendant（客室乗務員）
weather forecaster（気象予報士）

などは覚えておくといいでしょう。

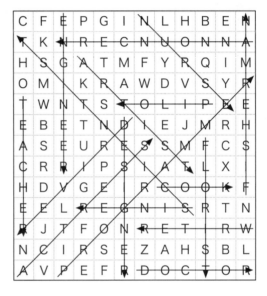

C	F	E	P	G	I	N	L	H	B	E	N
T	K	N	R	E	C	N	U	O	N	N	A
H	S	G	A	T	M	F	Y	R	Q	I	M
O	M	I	K	R	A	W	D	V	S	Y	R
T	W	N	T	S	T	O	L	I	P	E	E
E	B	E	T	N	D	I	E	J	M	R	H
A	S	E	U	R	E	S	S	M	F	C	S
C	R	R	I	P	S	I	A	T	L	X	I
H	D	V	G	E	I	R	C	O	O	K	F
E	E	L	R	E	G	N	I	S	R	T	N
R	J	T	F	O	N	R	E	T	I	R	W
N	C	I	R	S	E	Z	A	H	S	B	L
A	V	P	E	F	R	D	O	C	T	O	R

今月のプレゼント！

石灰石から生まれた「減プラボールペン」

10名さまに

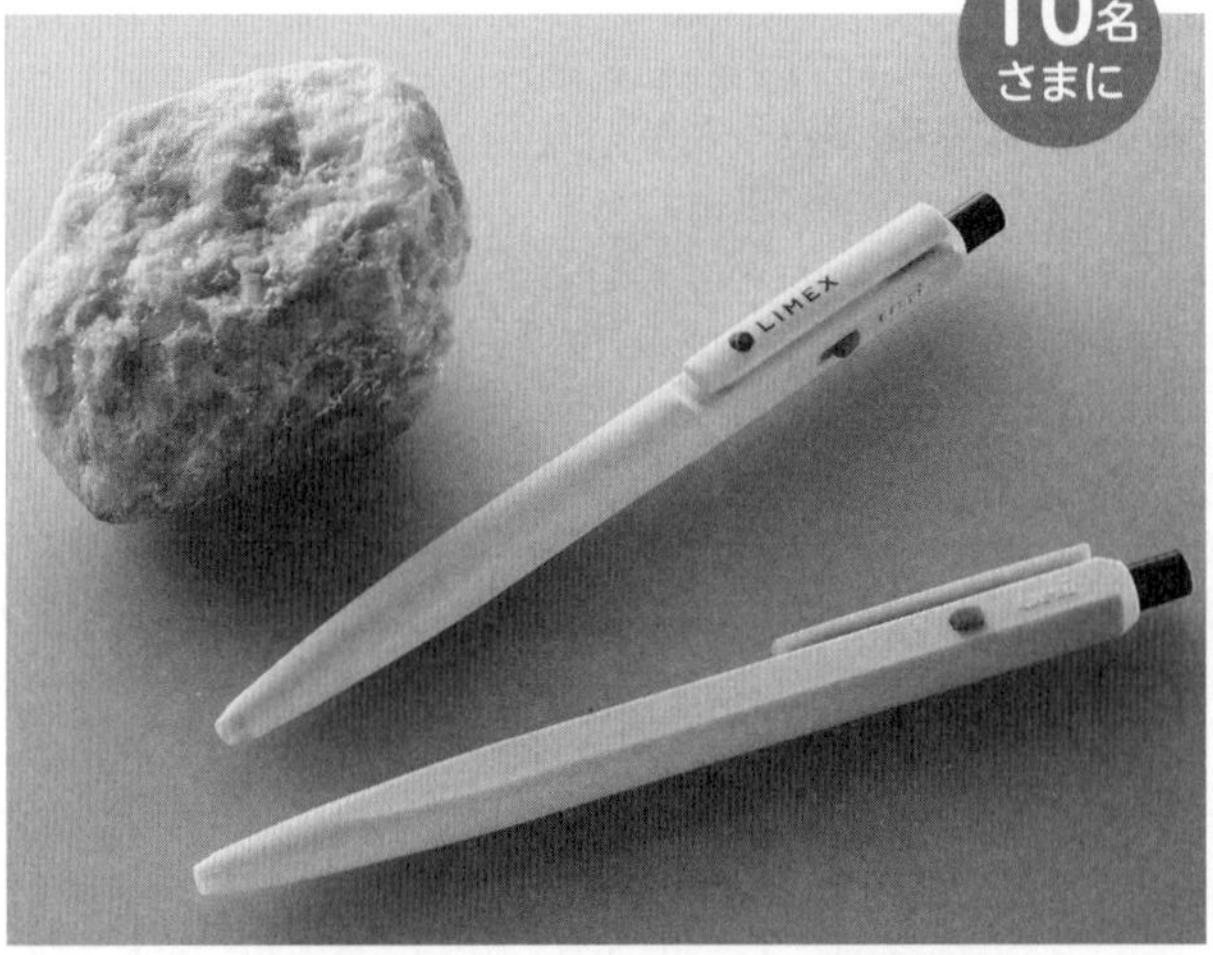

レジ袋の有料化や紙製ストローの台頭など、「脱・プラスチック」が推奨されていることは、みなさんもよくご存じでしょう。そんな流れを汲《く》んで登場したのが、三菱鉛筆の油性ボールペン「uni《ユニ》 LIMEX《ライメックス》」です。

このペンの軸に使用されているのは、世界でも埋蔵量が豊富な「石灰石」を主原料とした「LIMEX」という日本発の新素材。劣化しにくくロスが少ないため、プラスチックの代替素材として期待されています。こうした商品を使用することで、プラスチック使用量の削減につながり、地球にある天然資源の持続可能な利用に貢献することができます。環境に優しいものを使っていきたいという人にはぴったりの「uni LIMEX」を10名さまにプレゼントします。

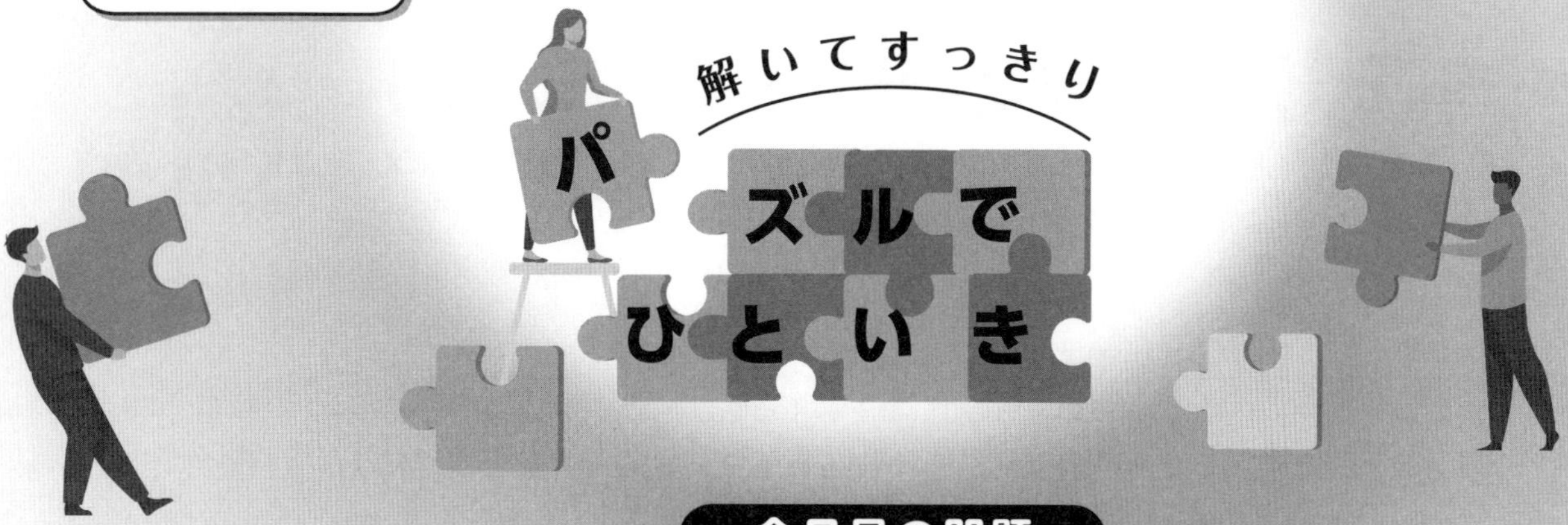

今月号の問題

熟語しりとりパズル

スタートから始めて、すでに書かれている漢字や下のカギをヒントに、中心に向けて熟語のしりとりをしながらすべてのマスを漢字で埋めてパズルを完成させてください。ただし、数字のついているマスは、カギの熟語の１文字目が入ります。

最後に色のついたマスを縦に読む三文字の熟語を答えてください。

→スタート

1			2	剋	3	
12	13		(色)	14	15	4
11 感		21		22	根	5
	20	千	(色)	墨	16	6
10	金		24	23	17	行
	19		(色)	18		
9		方		8	7	

〈カギ〉

1　急に様子が変わって、事件などが決着に向かうこと
2　下の者が上の者に打ち勝って権力を手に入れること
3　⇔下級生
4　「児童」と「学生」の間
5　乗物を使わず歩くこと
6　日曜日などに、繁華街の道路の車の通行を禁じ、車道も自由に歩けるようにした場所
7　「国際連合」の略称
8　代入法や加減法を用いてｘ、ｙを求めます
9　式をとり行う順序
10　理屈では説明のつかない、鋭く本質をつかむ心の働き。sixth sense
11　物事に感じやすく、すぐに寂しくなったり悲しくなったりする
12　○○に塩を塗る
13　試験官が質問し、受験者がその場で口で答える試験
14　商品のおろし売りをする商店
15　屋根と天井との間の空間
16　裏返し
17　隠れていた物事が、おもてに現れる
18　石炭・石油・天然ガスなど
19　有料道路で、通行料金を徴収するための場所
20　土地や建物が存在する場所。県庁○○○
21　井戸は、これをくみ上げるための設備
22　唐代の中国で生まれた絵画様式。日本では、室町時代の雪舟が最も有名
23　すべてを同じようにする
24　一度にたやすく大金を手に入れること

応募方法

下のQRコードまたは104ページからご応募ください。
◎正解者のなかから抽選で右の「uni LIMEX」をプレゼントいたします。
◎当選者の発表は本誌2021年12月号誌上の予定です。
◎応募締切日 2021年8月15日

4月号パズル当選者（全応募者32名）

五十嵐大優さん（中１・東京都）
山崎　智也さん（中１・埼玉県）
秋山耀太朗さん（中３・東京都）
村川　　晨さん（中３・東京都）
坂本　大河さん（中３・埼玉県）
岩崎　壮志さん（中１・神奈川県）
古田　大貴さん（中１・千葉県）
鈴木　悠真さん（中２・神奈川県）
田中　仁悟さん（中２・東京都）
髙橋　歩大さん（中１・埼玉県）

読者が作る おたよりの森

テーマ
未来に残したいもの

長らく収集している**おもしろ消しゴム**です！　役には立たないですが、分解と組み立てを繰り返していると無心になれますよ！（笑）
（中２・うみんちゅさん）

我が家の**ひな人形**。祖母のときからこの人形を飾ってきたらしいので、将来もし私に子どもが生まれたら飾りたいと思っています！
（中２・ゆっこさん）

ぼくが作った**土偶**（風のもの）。庭に埋めておいたら、未来で掘り起こされて「すごいものが見つかったぞ！」ってなりませんかね？
（中１・はにわ？？　さん）

四季。温暖化が進んで季節の境目があいまいになってきても、日本ならではの四季はこれから先も永遠に残っていてほしいと思う。
（中３・亜紀さん）

日本のザリガニが少なくなっているとニュースで見て残したいなと思いました。アメリカザリガニよりかわいいのに。
（中１・飼育係さん）

電子書籍もいいけど、私はやっぱり紙の質感とか、紙をめくる感じとかが好きなので、**紙の本**は紙の本で残ってくれると嬉しいです。
（中１・ペパーミントさん）

テーマ
テストでしちゃったミス

１問目が目に入った瞬間、得意な問題だったから飛びついてしまい、**名前を書くのを忘れた**。
（中２・774さん）

間違った選択肢を選ばなきゃいけないのに、勘違いをして**正しい選択肢を選んでしまった……**。
（中２・Y.T.さん）

見直しもして「完璧！」と思ったら、**裏面にも問題があった！**
（中２・ぴえんさん）

試験のときに**消しゴムを忘れた**。シャーペンについている消しゴムだけでは厳しかった！
（中２・ねるねるねるねさん）

マークシート方式のテストを受けたとき、どこからか１マスずつ**マークがずれていた**。終盤に気づいてめちゃくちゃ冷や汗をかいた。
（中３・H.S.さん）

テーマ
夏休みの目標

今年こそは**宿題を早めに終わらせる**。もう最終日に泣かない！
（中２・サリーさん）

毎朝ランニングをする！　体力をつけて部活動で活躍したいです。
（中１・サッカー部初心者さん）

少しの時間でも**毎日必ず勉強する**こと！
（中２・三日坊主にはならないさん）

そうめんが大好きなので、今年の夏は自分で**そうめんのアレンジレシピ**を色々と試してみたいです。夏休み中に７種類は作りたい！
（中２・めんめんさん）

プログラミングを勉強したい！　今年もあまり遠くまでお出かけできないかもしれないので、家で学べることに挑戦してみたいな。
（中３・S.S.さん）

休みだからとだらけずに、**早寝早起きをする**。受験のためにも、早起きして頭を動かす習慣が大切と塾の先生にも言われました。
（中３・受験期さん）

必須記入事項

名前／ペンネーム／学年／郵便番号／住所／本誌をお読みになっての感想／投稿テーマ／投稿内容

右のQRコードからケータイ・スマホでどしどしお寄せください！
住所・氏名は正しく記入してください

Present!! 掲載された方には抽選で３名に**図書カード**をお届けします！（500円相当）

募集中のテーマ

おもしろい友だち
秋の思い出
お気に入りの癒しスポット

応募〆切2021年8月15日

ここから応募してね！

ケータイ・スマホから上のQRコードを読み取って応募してください。

掲載にあたり一部文章を整理することもございます。個人情報については、図書カードのお届けにのみ使用し、その他の目的では使用いたしません。

夢が広がる高校選びの情報満載！

Success15

8月号

表紙：東京都立戸山高等学校

FROM EDITORS　編集室から

いよいよ夏がやってきました。今年は梅雨でもあまり雨が降らず6月から暑い日が続いていますが、8月はさらに気温が上昇すると予報が出ていますので、しっかりと水分補給をするようにしましょう。

今月号の特集では、これから本格化する学校説明会について取り上げました。オンライン学校説明会には気軽に参加できるという利点がありますが、学校を訪れた方が雰囲気などもわかり、受験勉強のモチベーションにつながると思います。ただし、新型コロナウイルス感染症の影響で、急に日程が変更になる可能性もあります。参加すると決めたリアル学校説明会は、学校のホームページをこまめに確認するようにしましょう。　（H）

Next Issue　夏・増刊号

Special

中学生が“いまから”考えておきたい大学入試

未来のために「SDGs」を知ろう

※特集内容および掲載校は変更されることがあります。

Information

『サクセス15』は全国の書店にてお買い求めいただけますが、万が一、書店店頭に見当たらない場合は、書店にてご注文いただくか、弊社販売部、もしくはホームページ（104ページ下記参照）よりご注文ください。送料弊社負担にてお送りします。定期購読をご希望いただく場合も、上記と同様の方法でご連絡ください。

Opinion, Impression & ETC

本誌をお読みになられてのご感想・ご意見・ご提言などがありましたら、104ページ下記のあて先より、ぜひ当編集室までお声をお寄せください。また、「こんな記事が読みたい」というご要望や、「こういうときはどうしたらいいの」といったご質問などもお待ちしております。今後の参考にさせていただきますので、よろしくお願いいたします。

サクセス編集室 お問い合わせ先

TEL : 03-5939-7928　FAX : 03-3253-5945

今後の発行予定

8月16日 夏・増刊号	11月15日 12月号
9月15日 10月号	2022年1月15日 2022年2月号
10月15日 秋・増刊号	2022年3月15日 2022年4月号

FAX送信用紙

※封書での郵送時にもコピーしてご使用ください。

101ページ「熟語しりとりパズル」の答え

氏名

学年

住所（〒　　　－　　　）

電話番号

（　　　　）

現在、塾に

通っている　・　通っていない

通っている場合

塾名

（校舎名　　　）

面白かった記事には○を、つまらなかった記事には×をそれぞれ３つずつ（　）内にご記入ください。

（　）05　みどりを守る・つくる・育てる 知られざる「緑化」の効果
（　）12　Special School Selection 東京都立戸山高等学校
（　）18　私立高校WATCHING 桐朋高等学校
（　）24　ワクワクドキドキ　熱中部活動 大宮開成高等学校　薙刀部
（　）28　学校選びのスタートに まず学校説明会に参加しよう！
（　）32　知っておきたい「オンライン学校説明会」の注意点
（　）35　受験生のための明日へのトビラ
（　）40　突撃スクールレポート 東京都市大学等々力高等学校
（　）42　突撃スクールレポート 日本大学第三高等学校
（　）44　スクペディア 佼成学園高等学校
（　）45　スクペディア 関東国際高等学校
（　）46　スクペディア 岩倉高等学校
（　）47　スクペディア 京華高等学校
（　）48　高校受験質問箱
（　）52　レッツトライ！　入試問題
（　）56　中学生の未来のために！ 大学入試ここがポイント
（　）58　東大入試突破への現代文の習慣
（　）61　研究室にズームイン 東京大学　岡ノ谷一夫教授
（　）68　帰国生が活躍する学校 青山学院高等部
（　）70　こちら東大はろくま情報局
（　）72　キャンパスデイズ十人十色
（　）80　ちょっと得する 読むサプリメント
（　）82　マナビー先生の最先端科学ナビ
（　）84　なぜなに科学実験室
（　）88　中学生のための経済学
（　）89　ピックアップニュース！
（　）90　思わずだれかに話したくなる 名字の豆知識
（　）92　ミステリーハンターＱの タイムスリップ歴史塾
（　）93　サクセス印のなるほどコラム
（　）94　中学生でもわかる 高校数学のススメ
（　）98　Success Book Review
（　）99　サクセス映画館
（　）100　解いてすっきり パズルでひといき
（　）102　読者が作る　おたよりの森

FAX.03-3253-5945

FAX番号をお間違えのないようお確かめください

サクセス15の感想

高校受験ガイドブック2021 8　Success15

発　行：2021年７月15日 初版第一刷発行
発行所：株式会社グローバル教育出版　〒101-0047 東京都千代田区内神田2-5-2 信交会ビル3F
ＴＥＬ：03-3253-5944
ＦＡＸ：03-3253-5945
Ｈ　Ｐ：http://success.waseda-ac.net/
e-mail：success15@g-ap.com

郵便振替口座番号：00130-3-779535
編　集：サクセス編集室
編集協力：株式会社 早稲田アカデミー

【個人情報利用目的】ご記入いただいた個人情報は、プレゼントの発送およびアンケート調査の結果集計に利用させていただきます。